比较考古学随笔

（增订本）

李 学 勤 著

江西教育出版社
JIANGXI EDUCATION PUBLISHING HOUSE
·南昌·

赣版权登字-02-2024-367

图书在版编目（CIP）数据

比较考古学随笔 / 李学勤著. -- 增订本. -- 南昌：
江西教育出版社,2025.1. -- (李学勤经典著作丛书).
ISBN 978-7-5705-4457-8

Ⅰ. K870.4-53

中国国家版本馆CIP数据核字第202482RT99号

比较考古学随笔（增订本）
BIJIAO KAOGUXUE SUIBI（ZENGDING BEN）

李学勤　著

江西教育出版社出版
（南昌市学府大道 299 号　邮编：330038）

出 品 人：熊　炽
策划编辑：陈　骥
责任编辑：王成龙
装帧设计：纸　上 / 光亚平　万　炎

各地新华书店经销
江西赣版印务有限公司印刷
710 毫米 ×1000 毫米　　16 开本　　16.5 印张　　190 千字
2025 年 1 月第 1 版　　2025 年 1 月第 1 次印刷

ISBN 978-7-5705-4457-8
定价：89.00 元

赣教版图书如有印装质量问题，请向我社调换　电话：0791-86710427
总编室电话：0791-86705643　　编辑部电话：0791-86705903
投稿邮箱：JXJYCBS@163.com　　网址：http://www.jxeph.com

出版说明

　　李学勤先生（1933—2019）是当代著名历史学家、考古学家、古文字学家、古文献学家和教育家，被誉为"百科全书式的学者"。他长期致力于中国古代文明的研究，在多学科领域都做出了开创性的贡献，为中国学术事业留下了丰富而宝贵的文化遗产和精神财富。

　　李学勤先生的一系列学术著作，曾先后在各大出版社出版，有的还再版、三版，深受读者广泛关注和欢迎。随着时光流逝，有些著作目前在市面上已难觅其踪。作为一家和先生多次合作的出版社，屡有来电垂询先生多年前的旧作。我们深感有责任继续做好精品力作的再版传播工作，以飨读者，以广流传，遂组织出版了"李学勤经典著作丛书"，收入《比较考古学随笔》《走出疑古时代》《简帛佚籍与学术史》《四海寻珍》《夏商周年代学札记》《周易溯源》等一系列先生的代表作品。

　　《比较考古学随笔》是李学勤先生关于比较考古学的一部学术著作。李先生一直重视比较研究，年轻时曾想从事比较文明史的研究，只是囿于时代的原因而未能实现。他之所以提出比较考古学的主张，是因为考古学上的许多问题，需要通过比较研究的方法才能揭示，也只能通过比较研究的途径去解决。因此，需要对不同的考古学文化以及文化因素进行比较研究，把考古学文化放在更宽广的背景里来观察，以纠正孤立看待一种考古学文化或其因素时每每出现的弊病，取得更深入的认识。简言之，他希望强调比较研究在考古学中的重要性，让更多的人重视这种研究方法，致力于有关的探讨，从而使考古学——特别是中国考古学得到更丰富的成果。

1991年，《比较考古学随笔》一书作为《百家文库·史论集》的一种，由中华书局香港有限公司出版了繁体字版；1997年，广西师范大学出版社出版了简体字版，简体字本出版时，补充了10篇性质相近的论文，作为本书的第二部分；2023年，又收入李学勤先生手订，在江西教育出版社出版的《李学勤文集》古史研究、青铜器研究、甲骨学研究等各卷中。

本次我们出版《比较考古学随笔》一书，所依据的是1997年广西师范大学出版社出版的简体字版。另外，李学勤先生在《山西师大学报》（社会科学版）2003年第3期曾发表《比较考古学续笔（四篇）》一文，内容与性质均与本书有关，此次出版时也一并收入。为展现先生学术之进路与历史之原貌，我们充分尊重其学术观点、行文习惯、语言风格，以及当时语言文字的习惯用法，对全书进行了认真编校，并重新设计开本版式，以最大的努力维护先生成果，向先生致敬。

序

　　李学勤先生集合近年所著论文20篇，总题曰：比较考古学随笔。他在引言中提出比较研究应该有5个层次，即是：（一）中土不同时代的比较；（二）中土与边缘地区的比较；（三）中土与邻邦的比较；（四）中土与太平洋地区的比较；（五）中土与其他古文明的比较。渐次推进，可说是由近及远。他不是一位纯粹主张传播论者，而是实事求是，揭橥一些在不同地区而有某种相同的文化现象，做出极有启发性的提示。本书所指出的20件大事都是富有兴趣而能够引人入胜的古史上的重要"问题点"。李先生与我为多年知好，他认为我在古史的钻研方面和他有一些相同的倾向，故此引为同调，要我为他的著作写几句话，真使我受宠若惊，既有了"共同语言"，我亦不辞"佛头着粪"之诮，斗胆地答应了。

　　先民在踏入农业社会以前，有一个漫长的狩猎时代，当时的生活状况可以说是行国，还不是居国，如果在气候变化或者大型的军事行动发生时，人口必有很大流动和转徙，虽是天南地北之悬隔，由于传播的结果亦可出现一些相同的东西。近代的古史学者，很喜欢从东西两个极端做出比较的论点，从王国维的古籀分东西说，傅斯年的夷夏东西说，以至近时的文字上象形指事的东西说，已经成为一套滥调，反之，从南北的角度来看问题却如凤毛麟角。李先生书中对江西的吴城新干和百越文化所受到北方的影响，有十分有趣的分析，真是巨眼若烛。最近香港南丫岛大湾濒海地带竟有带钮牙的玉璋出土，和二里头及陕西神木的牙璋很相像（但与本书所谈的三星堆蜀国式的歧尖加饰的牙璋不同），而大湾的彩陶纹样与湖北大溪遗物有类似之处，亦足证明中原文化之南被。古书所说"五十万人守五岭"分明是夸大的话，但先秦礼器的传播远及海澨，正可为南北交流提供一物证。

李先生谈规矩镜、日晷、博局都是八极纹三位一体，我尝推测安徽含山玉龟里头所夹的玉片上面的纹样即指示八方、八极，是空间观念的表现而不是历法，玉片镌刻的小圆点做数字的排列，可与河图洛书比较，而玉版夹在灵龟中，不啻是"河图玉版"的写照（文见拙作《史溯》）。

谈及西北丝路，李先生指出虎噬鹿器诸动物纹样与斯基泰文化的关系。按Scythian即是所谓塞族，本称Saka，其名见于出土之古波斯文石碑。斯基泰本为波斯国之一省，Saka于埃兰文（Elan）作ša-ak-ga，阿卡得文（Akkadian）作gi-mi(r)-ri，希腊文ε(s)kiθηs，与西北民族有甚深之血缘关系。周原召陈村出土蚌雕外国人头像头顶镌一"十"字，有人说即是塞族。我曾指出这个"十"的记号在西亚公元前5500年前Halaf地区的陶器和女神肩膀上亦刻有"十"的标识（说见拙作《丝绸之路引起的文字起源问题》）。西亚与中国交往在近年考古学上的物证像玛瑙珠在滇池区域出土之多，只江川李家山墓地即有

8079枚[①]。广东南越文王墓的银盒，已被证明为波斯 Xerxes 一世时期（前485—前465）的遗物。中外文物交流的年代已可推前，早期商业贸易的记载包括陆路与海道，如《魏书·西域传》所说："大月氏世祖时，其国人商贩至京师，自云能铸石为五色玻璃。"《梁四公记》说："扶南大舶从西天竺国来，卖碧玻璃镜……"（《太平广记》卷八一引）我们看楚滇各地的玻璃器，以至广东肇庆战国墓和南越王墓出土之琉璃，均可证明上面的记载，事实上在先秦时代已是如此。吴时薛综上疏有云："贵致远珍名珠、香药、象牙、犀角、玳瑁、珊瑚、琉璃……奇物充备宝玩。"南越王墓中的各种宝玩正说明海上商贩在西汉初期已是相当发达了。

杨希枚兄分析西北冈出土的398具人头骨的复杂性，其中有海洋类黑人种，第五组他怀疑与印度人的头骨很接近，又证明有二三具几乎无殊于欧洲的类似高加索人种。我在1973年考证印度的 Cīnapaṭṭa 与蜀布的关系，附带提到昆仑舶和古代海上丝绸之路，现在已成为热烈讨论的课题。张秉权著《甲骨上黏附的棉布》一文指出殷代出土龟甲杂有棉布，即土卢布，相当榜葛剌国所谓兜罗棉，此外武夷山船棺葬亦出有棉布，证明身毒货物在殷代已有交流迹象。在北高加索山区的巴勒卡（峪）海拔1000米墓葬出土丝织品多件，其中文书残片有汉文3行[②]，此为唐代遗物，远古情形，还有待于进一步研究。

铜在西亚起源甚早，凸即其初文，楔形文称 urd-du。姜寨第一

---

① 详张增祺：《战国至西汉时期滇池区域发现的西亚文物》，《思想战线》1982年第2期。

② 俄文考古报告，见张广达：《论隋唐时期中原与西域文化交流的几个特点》，《北京大学学报》（哲学社会科学版）1985年第4期。

期遗物出有黄铜片和黄铜管状物，冶炼方法比较原始。甘肃齐家文化、火烧沟文化发现铜器遗址，时代相当于夏。文献的记载像《墨子·耕柱篇》说："昔者夏后开（启）使蜚廉采金于山川，而陶铸于昆吾。"铸铜始于夏，古代已有此说，和出土文物正可印证。

记得若干年前，故友三上次男博士自埃及考察返国，道经香港，赠给我一些在中东遗址拾得的陶片，我说古代东方陶瓷传入近东，和阿拉伯人经商的香料之路有同等价值，后来他写成《陶瓷之路》一书，影响至今。李君书中有二章叙述铜镜在中东一带的传播，描写至为生动。大家习惯"丝绸之路"一名，其实，以某种特产在商业活动上来代表文化之交流，铜镜之路、香药之路、陶瓷之路和丝绸之路是同样重要的！

我近年研究陶器上的符号，相信新石器时代，老早已开拓了"陶（瓷）之路"，形成东西文化上的接触，三上博士的说法可以推前。从许多相同的陶符分布情形看来，远古时代不免互有交往，我的看法有下列几点：

（1）文字形成以前，有一段漫长时间，流行某一记号，代表某些吉利、富有的意义，可说是"陶符时代"。

（2）这些同形陶符的传播，东南地区亦会出现，诸夏境内，一向华夷戎狄杂处，正可说明这一现象。

（3）中外亦有不少同形记号，我尝举出卍、中、⊕等字为例，说明古代陶器之路早已存在。

我另有专书做详细研究，李先生比较中埃文字发展的过程，有类似之处，他很关心这一问题，我希望李先生他日亦为我的书写一序文，斟酌切磋，投桃报李，李先生必定能首肯的。

李先生此书以深入浅出的文字，提出许多崭新有趣的问题，论点十分可贵。他的广博的视野和缜密的分析，加上他有机缘接触许多实物做仔细的考察，所得的结论，不是一般关在屋子里作海客"谈瀛"的人们所能做到的。

本书的出版，无疑是古史学与考古学二大流结合诞生的一个新果实，是一项重要成就，我想读者看过本书之后，必有与我相同的感受。

饶宗颐

1991 年 6 月

目 录

第一部分

一、引言

这本小书在标题上写出"比较考古学"的字样，目的并不是要杜撰一项学科，借以标新立异。我的想法只是要强调一下比较研究在考古学中的重要性，希望有更多的人重视这种研究方法，致力于有关的探讨，使考古学——特别是中国考古学获得更丰富的成果。

比较研究方法在文史方面的运用，可以说由来已久。比较文学、比较文学史、比较史学等名词，是大家早就熟悉的。中国学者对历史文化领域如何进行比较研究，近年有较多论述。例如周谷城先生的《中外历史的比较研究》一文说："比较研究，即经常拿彼此不同的东西对照着看的意思。这样作，可以使我们易于看出一些不应有的偏见。例如'古典时期'一词，原来本是只适用于希腊、罗马。但学者们为着要完成一个以欧洲为中心的历史体系，便不得不把印度、中国、波斯等，也纳入古典时期之下。"他还列举了一些事例，然后说："……这类情况，我们如果不采比较研究的方法，或者自始即读世界史，而不研究一点中国史，换句话说，即不拿中外历史对照着看，就很不容易看得清，就很不容易作进一步的考虑，或更切合现实的考虑。"他提到他的《世界通史》第1卷讲到6

个古文化区，即尼罗河流域、西亚文化区、爱琴文化区、中国文化区、印度河流域、中美文化区等，有分区并立，其反面必然是往来交叉，"如果不用比较研究或对照看的方法，则不易看出其重要性，即使看到了，也不易从正面突出，给予应有的叙述"。

考古学的情况更是这样。周谷城先生提到的几个古文化区，在很大程度上正是建立在考古的探究上的。即使在一个地区、一个国家之内，还可存在若干种文化，彼此并立，互相融会交流。对这些文化的同异，有必要进行比较考察；对不同的文化区的同异，也应加以比较研究。比较研究方法在考古学领域内，实在是大有用武之地。

中国和外国的考古学有着各自的渊源。现代考古学在欧洲形成，是在19世纪前期，其前身是所谓古物学（antiquarianism）。中国的考古学则是在20世纪前期现代考古学传入后建立的，它的基础乃是传统的金石学。金石学在中国有悠久的历史，为考古学的兴起准备了丰富的凭借和材料。同时，中国幅员广阔，文化绵远，地上地下有非常宏富的文物宝藏，更使中国考古学有强烈的自身特点。中国考古学者每每局限于国内考古的知识和经验，外国考古学者又多因语言障碍，不能直接吸收中国考古学的大量内涵，结果是双方难以沟通，妨害了比较研究的开展。

要把中外考古学真正沟通起来，仅靠考古报告和论著的介绍、翻译是不够的。必须对古代各地区、各国家的文化做通盘的观察，以整个人类的历史发展为背景，进行细致的对比研究。这样，就可以看到各种文化的同异，揭示一些文化间交流影响的关系，并对各个文化在历史上的地位和贡献做出恰当的估计，这正是比较考古学设想达到的目的。

比较研究对中国考古学的发展也有很大帮助。事实上，几位为在中国建立现代考古学做出贡献的学者，都以博大的眼界，在不同的研究领域中运用过比较研究的方法。例如李济先生，在分析安阳殷墟的商文化时，曾广泛对比当时所有的国内外考古材料。他1929年发表在《安阳发掘报告》上的《殷商陶器初论》，引了罗斯陀夫柴夫（Rostovzeff）和博罗夫加（Borovka）的著作，以商周青铜器的饕餮、螭龙等花纹与西伯利亚的动物纹饰艺术对比，反驳了商周花纹受北方影响的论点，指出商周文化与北方确有关系，但系商周影响及于北方。1933年，他在《庆祝蔡元培先生六十五岁论文集》发表《殷虚铜器五种及其相关之问题》，更引用许多国外材料来对照。如他根据英国柴尔德（Gordon Childe）对欧洲青铜文化的论述，指出"金属料只有到了最便宜的时候才用着作箭头"，因为箭头一般是不能回收的，殷墟铜箭头的大量出现表明青铜工艺的发达。他这篇文章最后说："殷商以前仰韶以后黄河流域一定尚有一种青铜文化，等于欧洲青铜文化的早中二期，及中国传统历史的夏及商的前期。"他的这一推断，现在已由多年来的考古工作证实了。

夏鼐先生的许多著作，都以世界考古学的成就作为研究的参照。如他对"丝绸之路"做过深入的探讨，在中西文化交流的研究方面有重要贡献。他在《中国文明的起源》书中自述在"丝绸之路"东端西安做过考古工作，又曾沿河西走廊调查试掘，直到汉玉门关遗址，还去过新疆调查；他也访问过"丝绸之路"西段，包括伊拉克、伊朗的古城。他指出"中西的文化交流和贸易往来并不是单方面"，中国输出丝绸等项，也输入了毛织品、香料、宝石、金银铸币和金银器等。夏鼐先生就中国境内发现的波斯银币和拜占庭金币，曾撰有一系列研究论文。

以上所举，不过是一些例子，很多学者在研究中国考古学时，都应用过比较研究的方法，尤其是就某种文物做具体比较的情形较多。比较研究适用的范围极广，只要是两种以上的文化，不管是对文化的整体，还是对文化中的某项因素，都可以进行比较。可以对照中国与外国的文化，也可以对照中国境内的不同文化。我觉得，在中国考古学范围内展开比较研究，不妨分为下列5个层次：

第一个层次，是中原地区各文化的比较研究。

这里说的"中原"，比有些人理解的更为广义一些，是指从陕西关中以至黄河中下游一带地区。古代自虞、夏、商、周，汉、唐盛世，王朝建都均不出这个地区的范限，成为政治、经济、文化的中心。中国考古学早期的工作地点，主要也是在中原。

中原的考古文化，并不是只有单线的发展。这方面的认识，在古代史的研究者间已有先驱。比如《庆祝蔡元培先生六十五岁论文集》所刊傅斯年《夷夏东西说》，就主张"三代（夏、商、周）及近于三代之前期，大体上有东西不同的两个系统。这两个系统，因对峙而生争斗，因争斗而起混合，因混合而文化进展。夷与商属于东系，夏与周属于西系"。这种东西两系的观点，至今对这一时期的考古研究仍有影响。

现在我们知道，中原地区的考古文化是相当复杂的，如果简单划为两系，未必能反映实际。古代这一地区的人民究竟应如何划分，很值得通过比较研究去考察。即使是在秦统一以后，一些文物之间的文化联系，也应当通过比较来探索研究。

第二个层次，是中原文化与边远地区文化的比较研究。

这里说的"边远"，是就古代的历史情况而言，也可叫非中原地区，即中原以外的广大地区。中国从来是多民族、多区域的统一体，研究历史文化不能脱离这一前提，但是以往很长一段时间，边远地区的考古工作进行不多，对当地的文化面貌了解有限。这种情况，在近年已有根本的改变。现在全国各地已发现的旧石器时代的文化遗址，数量已经超过40年前的新石器时代遗址。新石器时代遗址的分布，其密集和广泛，更是前人难于想象的。过去学者多认为商文化限于黄河中下游一带，如今看来，这种文化的影响范围要广大得多。以商代青铜器的出土而论，北到内蒙古，东到山东，西到陕西和甘肃一带，南到广西，其器物均有商文化的特点，表明这种文化的强烈影响。

苏秉琦先生近年提倡考古学的区系研究，他所主编的《考古学文化论集》，不少论文都是运用区系类型理论的。其中有邵望平《〈禹贡〉"九州"的考古学研究》一篇，以黄河、长江流域古文化区系与《尚书·禹贡》九州对比，指出古人的九州划分古老而真实，"视角是处于凌驾诸区系之上的中心位置的俯视角，其视野所及之天下正与中华两河（黄河、长江）流域文化圈相当，其中，九州分野又与各历史文化区大体一致"。这是非常发人深思的。当然，中国的疆域尚不限于《禹贡》的九州。

中原与边远地区文化的交流影响，是双向的。在中原以外很多地方能够看到中原文化的影响，同时在中原也能找到来自边远的文化因素。比较双方的异同，使我们能更进一步了解中华文明形成发展的历程。

第三个层次，是中国文化与邻近地区文化的比较。

由于地理的接近，人民的往来，同中国文化关系最密切的，自当推中国周围的国家地区。不少学者在这方面做过探讨，例如以中国北方以青铜短剑为特征的文化与西伯利亚的文化比较，以中国南方发现的靴形钺（boot-shape hatchet）、铜鼓与东南亚的文化比较。再如中国与日本间的文化交流，两国学者长期以来从考古学方面加以研究，提出了很多重要的课题。这一类实例，可谓不胜枚举。

第四个层次，是包括中国在内的环太平洋诸文化的比较。

上面谈到的中国同邻近文化的比较，自然也包含了这个层次的一部分。

太平洋的周围，有亚洲的东部，有美洲，也有大洋洲。地理大发现以后，位处旧大陆的太平洋沿岸的东亚、东南亚，与遥远的美洲等地古代有否往来，一直是人们关心的问题。特别是中国，古代有悠久灿烂的文明，其影响曾否远越重洋，引起学者许多推测。章太炎写过《法显发现西半球说》①，云5世纪中国僧人法显至墨西哥，"今考墨西哥文化，尚有支那（中国）文物制度之蜕形"。随后有类似想法的论作颇多，外国也有持这种意见的作品。无论将来能不能证实往来关系的存在，对环太平洋各地的文化进行比较研究肯定是有益的。

第五个层次，是各古代文明之间的比较。

这里说的，是指古代独立形成的各个文明，英国考古学家丹尼尔（Glyn Daniel）在他的《最初的文明》（*The First Civilization*）中曾有讨论。中华文明，就是世界上最早出现的古代文明之一，有着自己独立的起源和发展。但正如前述夏鼐先生的书所讲："中国文明的产生，主要是由于本身的发展，但是这并不排斥在发展过程中有时可能加上一些外来的因素、外来的影响。"

---

① 见《章太炎全集》四。

更重要的，是通过中国与其他古代文明的对照分析，去考察人类历史发展的普遍法则。1986年，在美国弗吉尼亚州的爱尔丽举行了题为"古代中国与社会科学的一般法则"的学术讨论会，不少论文即以中国与近东、美洲的古代文明做出比较研究，有所收获。

在这种比较研究上，应该反对唯传播论的观点。不同地区、不同文化的人们，在历史前进到类似阶段时，会有相同或相似的工艺和美术的创造，不可把这种现象一律视为传播的结果，否则就会导致错误的推论。同时又必须承认，古代人民的活动范围每每胜过今人的想象，文化因素的传播会通过若干环节，达到很遥远的地方。这里要求实事求是，也就是真正科学的态度。

比较研究还可以从更广义的方面去理解。不同文化的类似因素可供对照比较，同一文化里的不同因素（例如表面上看来互不相干的几种器物）也可供参照研究。有意地利用这种方法，将会使考古学的内涵更为丰富多彩。如果这种方法能为多数学者接受运用，有可能成立新的学科分支，即比较考古学。

比较考古学还没有成熟，在中国也没有这方面的系统专著，确实是有待开拓的园地。我自己知识和能力都有限，只是对此心向往之，随手写了一些读书笔记。现在选出一部分，加上这篇引言，共成20节，提供给读者，以示对这一研究方向的提倡。这些其实都是小文章，题材、体例未求一致，内容彼此也没有多少联系，因此书名就称为"随笔"了。其中不妥、疏漏之处，切望方家指正。

参考文献：

周谷城：《中外历史的比较研究》，《光明日报》1981年3月24日。

李济：《李济考古学论文集》，联经出版事业公司，1977年。

张光直、李光谟编：《李济考古学论文选集》，文物出版社，1990年。

夏鼐：《中国文明的起源》，文物出版社，1985年。

苏秉琦主编：《考古学文化论集》（一）（二），文物出版社，1987、1989年。

二、青铜器与商周文化的关系

多年以来，商文化和周文化的关系，一直是学者热心讨论的问题。这个问题先是在历史学界提出，然后影响到考古学界，争论的势头至今不衰。

早年有关这一问题的名作，首推王国维先生的《殷周制度论》①。他根据当时新发现的甲骨文等材料，倡言"中国政治与文化之变革莫剧于殷周之际"，他的这一看法，是从纵的角度把商周文化区别开来。到30年代，出现了上节曾引及的傅斯年《夷夏东西说》，提出夏、商、周三代有东西不同两个系统，"夷与商属于东系，夏与周属于西系"，又从横的角度把商周文化区别开来。虽然一纵一横，见解有别，但他们都强调了商周文化的差异。王、傅二氏的观点，对考古研究有着相当深远的影响作用。

在考古文物研究上区分商周文化，有不少学者做过探讨。尝试是从青铜器开始的，瑞典学者高本汉（Bernhard Karlgren）1936年

① 见《观堂集林》卷十。

发表在《远东古物博物馆馆刊》上的《中国青铜器中的殷与周》，比较系统地论述了有关问题。由于青铜器是商周文化的重要因素，通过青铜器去看商周两种文化的关系是有意义的。高氏的意见，随着时间的推移，今天看来有些已可商榷，但仍有学者追随他的思路。

1955年，陈梦家《西周铜器断代》开始发表。陈氏专门论述了殷商和周初青铜器的区别，他说："西周初期铜器，除了那些与殷代殷人铜器相同之外，哪些是它自己所有的特色？今天可知的约有以下数端：（一）四耳的簋；（二）带方座的簋和独立的方座或长方座（所谓禁）；（三）挹酒器之斗（旧称勺）的曲折形的柄；（四）向外飞射的棱角；（五）某些殷代器类的不存在，如觚和爵渐少；（六）某些异于殷代器类的组合，如同铭尊、卣的组合；（七）某些殷代花纹的不存在。"他提出的这几点，今天看也有可修正的。

陈氏的贡献，实际不在上述七点的正面提出，而在于其反面的启示。陈文指出的这些差异，都是比较次要的，这恰表明商周的青铜器其实没有太多的差别。不论是形制、花纹、组合、工艺，两者都是同大于异。在陈氏以后，又有若干学者做过类似的探讨，所得结果也可作如是观。

近年，陕西一带的考古工作迅速发展，取得了许多新的成果。周人发祥地的文化面貌，逐步在考古学者的铲下揭示出来。其中一个令人惊异的事实是，这里所呈现的商文化的影响，时代之早、程度之强烈，都超出前人的意料所及。

在此附带讲一个小故事。1960年，陕西省博物馆和陕西省文物管理委员会编著了一本《青铜器图释》，把当时那里收藏和出土的材料都网罗进去。其中有一件商代二里岗期（即商代前期）的铜爵，竟不能估计可能是本省出土的。不仅如此，过去在陕西发现的商代青铜器，大都被指为自河南等地输入的东西。

现在知道，陕西境内比较典型的商文化遗存，数量很多，分布也相当广。即以二里岗期的文化遗址而言，已发现有华县南沙村、蓝田怀珍坊、耀县北村等处。铜川三里洞等地，则出土了典型的二里岗期的青铜器。这些地点都近于渭河。

1980—1981年，在陕西南部靠近四川的城固龙头镇出土了两批青铜器，更打开了人们的眼界。这两批器物都是在龙头镇上街南侧的一个土丘上挖出来的，第一批在土丘东北角，第二批在其南侧，共有75件之多。青铜器大多数有明显的二里岗期特点，另一些有地方风格。这项发现表明二里岗期商文化已经影响到这样偏远的地方。

更重要的是，二里岗期的商文化也影响到周原。大家知道，周人的祖先原住在豳（今陕西旬邑），到商代晚期才迁居周原（今陕西扶风、岐山之间），得到"周"的国号。没有想到，早在二里岗期商文化已经到达周原了。例如，1972年，在岐山京当出土的青铜器中，有二里岗期风格的瓿。次年，扶风法门出土的青铜器里，又有二里岗风格的鬲和斝。这些器物的年代可以估计为商代中期，当时周人还没有进入周原这块地方。

至于商代晚期，即殷墟期的青铜器，在陕西出土的更多。根据青铜器的特点，可以大致把出土地点划分为三个地区：

第一是关中地区，渭河的两侧。由东向西数，出土殷墟期青铜器的地点有华县、蓝田、耀县、西安、礼泉、武功、扶风、岐山、宝鸡等地。其中西安附近的老牛坡遗址，内涵十分丰富，有房屋基址、墓葬，还有只曾在殷墟发现的车马坑。

第二是晋陕交界地区，黄河两岸。在陕西，北起靠近内蒙古的榆林，南至绥德、清涧，以及陕西中部的淳化。这里的青铜器带有一些北方民族的色彩。

第三是汉中地区，包括城固、洋县一带。这里的青铜器有的类似四川的蜀国器物，但也有商文化色彩十分浓厚的。

如果我们把这几个地区与古书的记载联系起来，不难认识到晋陕交界地区属于当时的戎狄，即《后汉书·西羌列传》所记商代末年周人征伐的那些戎人之类。最近北京大学裘锡圭先生在绥德出土的青铜器铭文中释出"亡终"，是一重要收获。"亡终"便是文献里的无终，乃是狄族。由铭文知道，商代的无终居于现在的陕北。汉中地区则与成都平原的蜀国关系密切，应当属于西南夷的范围。这两个地区都在商文化的浸润之下，而本身文化色彩保留得还较为明显。

关中渭水流域的情况却有所不同。这里的青铜器也受有上述两个地区的影响，可是商文化的味道要更浓烈些。从史书上看，商朝末年在今西安附近有一个崇国，后被周文王伐灭，在其境内建立了国都丰（今陕西长安县）。崇国和商朝的关系十分密切，商文化在渭水地区的影响很可能是以崇国为中心的。周本来是商朝的一个诸侯，它兴起的地域是在商文化的强烈影响之下，后来又由西向东扩展势力，进入同商文化关系更紧密的崇国，并以那里作为自己的中心。这样看来，周人的青铜器主要是接受殷商的影响，是理所当然的。

最近，在陕西宝鸡等地考古多年的卢连成、胡智生两位撰有《陕西地区西周墓葬和窖藏出土的青铜礼器》一文。他们指出，早期周人制作使用的青铜礼器"是受到殷商青铜文化的直接影响而形成的，所以两者在主要青铜礼器的类别和造型、纹饰诸方面都保持了较多的相似性"。尽管周人在个别器类上有所创新（如陈梦家先生提到的），"但这种创新在先周阶段只是一种尝试，更多的是继承。先周青铜文化深深打上了殷商文明的烙印，这是灭殷前先周青铜礼器和殷商青铜礼器不易区分的主要原因"。这段话讲得很对。

其实，陈梦家先生提出的那些商周青铜器的差别，有的是陕西宝鸡一带特有的地方特色，有的乃是灭商以后青铜器的新发展。就东方殷商故地来说，武王伐纣推翻商朝前后的青铜器，实在难于划出一条明显的界线。商周青铜器是一脉相承的，其间的差异都是细微的、非本质的。

青铜器，特别是青铜礼器的影响继承，不仅仅是工艺和美术方面的问题。礼器是青铜文化的一种重要因素，突出地表现出礼制以至崇拜思想的性格。在商代，许多诸侯国的文化，有种种特点，但是礼器多与王朝相同或相似，这说明当时存在着比较统一的礼制教化，这是研究古代文化时必须注意的。礼器也反映各地风俗的不同，比如同在商末，殷商小墓青铜器多以爵、觚为主，周人小墓则以鼎、簋为多，这正好证明古书所指责的商人沉湎于酒，并不是礼制的不同。

美国哈佛大学张光直教授在《从夏商周三代考古论三代关系与中国古代国家的形成》一文中说："我对三代的看法是这样的：夏商周在文化上是一系的，亦即都是中国文化，但彼此之间有地域性的差异。"夏文化性质如何，眼前学术界尚有争议，姑置不论。就考古学上的殷商和周人文化来说，这个见解是中肯的。两者固然有"地域、时代与族别"的不同，但都属于中国中原地区（广义的）

的文化。这是我们对两者试做比较研究的结果。

参考文献：

陈梦家：《西周铜器断代（一）》，《考古学报》第9册，1955年。

李学勤：《商青铜器对西土的影响》，《殷都学刊》1987年第3期。

裘锡圭：《释"无终"》，中国古文字研究会第八届年会论文，1990年。

卢连成、胡智生：《宝鸡强国墓地》上册，附录一《陕西地区西周墓葬和窖藏出土的青铜礼器》，文物出版社，1988年。

张光直：《从夏商周三代考古论三代关系与中国古代国家的形成》，《中国青铜时代》，香港中文大学出版社，1982年；生活·读书·新知三联书店，1983年。

李学勤：《夏商周离我们有多远？》，《读书》1990年第3期。

三、曲阜周代墓葬的两种类型

　　山东省的曲阜，周代是鲁国的都邑，由于是孔子故里而闻名于世。从汉朝起，历代都对当地文物注意保护，对考古研究是有利的。清代以来，这里陆续发现过一些青铜器，有的很有价值，例如1932年出土的一组鲁大司徒元的器物，发现地点就在孔林南面的林前村。1942年到1943年，日本关野雄、驹井和爱等在曲阜做过试掘。1956年后，山东的考古学者多次在该地调查；1977年到1978年，又进行了大规模的勘查和发掘，有不少重要收获。

　　现在知道，曲阜的鲁故城大致呈横长方形，东西约4公里，南北约3公里，已探出城门11座。这座城始建于西周前期，此后位置没有变动。我们在《春秋》经传、《国语》、《论语》中读到的那些有关鲁国的生动故事，都是以这处故城作为舞台的。

　　在鲁故城的发掘，获得了不少墓葬，其中发现有相当多的周代珍贵文物。发掘者经过整理研究，指出了一个非常有趣的现象，就是这里的墓葬，从西周到春秋、战国，不是只有单一的演变系列，而是有两个类型，两条并行的演变系列。虽然有一些缺环，但类型间的差异是清楚的。

　　两个类型墓葬的区别，既表现在埋葬形式上，也表现在随葬器物的组合和形制上。后者主要是陶器，介绍起来未免琐细，这里便不说了。前者可引发掘者的话来说明，他们把墓葬按类型分作甲乙两组："甲组西周墓人架头向基本上向南，向北的是个别现象；乙组西周墓则基本上向北，向南是个别的。甲组西周墓盛行殉狗的腰坑，有些小墓虽无随葬器物，但都有腰坑殉狗，可见此风之盛。相反，乙组西周墓绝无腰坑殉狗之俗，在三十九座西周墓中根本不见此现象。……可知乙组西周墓的墓主人，对于腰坑殉狗的习俗是完全不相干的。在器物的放置方面，甲组墓基本上放在椁底的棺椁之间，或在头部，或在身侧；乙组墓多半放在二层台和椁顶上，一般放在头部。"①

　　熟悉中国考古学的读者，看到这里一定会有所感触，因为墓葬腰坑殉狗乃是众所周知的一种殷商礼俗，在殷墟和其他地方的商墓中经常出现。

　　原来，鲁国在周初本是在殷人的基础上建立起来的。鲁地是商朝的奄国。周武王伐纣，取代商朝以后，不久逝世，成王继位，纣王之子武庚和管叔、蔡叔叛周，奄国也参加了。周公平定叛乱，命长子伯禽到那里统治，是为鲁国第一代国君鲁公。《左传》定公四年记载，封伯禽时，"分鲁公以大路、大旂，夏后氏之璜，封父之繁弱（弓名），殷民六族：条氏、徐氏、萧氏、索氏、长勺氏、尾勺氏。使帅其宗氏，辑其分族，将其类丑，以法则周公，用即命于周，是使之职事于鲁，以昭周公之明德。分之土田陪敦，祝宗卜

① 山东省文物考古研究所等编：《曲阜鲁国故城》，第三章，齐鲁书社，1982年。

史，备物典策，官司彝器，因商奄之民，命以伯禽而封于少皞之虚"。由此知道，鲁国境内本为殷人所居，曲阜是殷人旧地。这些殷人在周代维持他们原有的习俗，是容易理解的。

有腰坑殉狗之俗的甲组墓是殷人后裔之墓，没有这种习俗的乙组墓则是周人之墓，这一点从墓中出土的青铜器铭文可得证明。乙组墓 M48 器物的铭文很多，知道墓主是鲁司徒仲齐；M30 器上也有文字，墓主是鲁臣伯悆。他们显然都是周人。甲组墓 M202 的盘有铭文，说明是鲁伯者父为女儿作的媵器，可见墓主娶了姬姓的姑娘，他自己当然不是姬姓的周人。

因此，曲阜的发掘为大家提供了一个难得的例子，足以对殷周文化传统的并存做出比较研究。希望今后这个遗址的考古工作，更多地注意这方面的情形。

鲁国有周人、殷人共居，而且在较长的历史期间各自保持着自己的某些传统，这是否意味着周人是统治者，殷人是被统治者呢？就上述考古材料看，并不是这样。两个类型的墓，没有明显的贵贱贫富差别。固然在甲组墓中没有发现司徒之类的官员，但 M202 的例子表示，殷人能够同周人的女孩结婚，双方的社会地位似乎没有太多差异。

殷周两种传统的并存，在文献中还有一个重要证据，就是鲁国有两社。社是地神，古代天子有代表天下土地的社，诸侯有代表境内土地的社。鲁国由于是有大功的周公的封国，得用天子礼乐，这是其他诸侯国没有的，可是这并不成为设两社的理由。事实上，鲁确有两社，一处叫周社，一处叫亳社。《左传》载，闵公二年，鲁桓公有子将生，请人占卜，卜人说这是个男孩，长大后"在公之右，间于两社"。两社在鲁外朝雉门以外，周社在右，亳社在左，能够在两社之间治事的，便是朝中的大臣。还有定公六年，"阳虎又盟公（定公）及三桓于周社，盟国人于亳社"，所说的也是两社。

很多学者曾指出，鲁有两社，是鲁国有殷遗民的缘故。杨伯峻先生《春秋左传注》说："周社自是鲁之国社，以其为周公后也。鲁因商奄之地，并因其遗民，故立亳社。"周初分封的诸侯国，有殷遗民的不止鲁国一国，比如卫国，封在纣王故都，更应有殷遗民了，但没有记载说卫有两社。看来鲁国的设亳社，是有意容许殷人传统在某种程度上继续存在，乃是一种明智的政策。曲阜发掘的种种迹象，恰好印证了这一点。

亳社在什么地方呢？是在雉门外的左面、宗庙的外边，所以《春秋穀梁传》说："亳社者，亳之社也。亳，亡国也。亡国之社，以为庙屏，戒也。"亳是地名，商汤的都邑，所以把商亡以后的社叫作亳社。把亳社建在鲁国宗庙的外面，成为宗庙的屏障，表示商已经亡了，有告诫后人警惕的意思。同时社本应是露天的，"以达天地之气"，亳社却罩在屋内，只在北墙上留一个窗子①。或许将来在曲阜的考古工作中，能找到这处亳社的遗址。

很久以来，研究殷墟甲骨文的学者认为甲骨卜辞也有"亳社"。下面我把有关的卜辞抄出来，供大家研究。引书的《合集》指《甲骨文合集》，《屯南》指《小屯南地甲骨》：

> 于亳社御。（《合集》32675）
>
> 辛巳贞，雨不既，其燎于亳社。（《屯南》665）
>
> 癸丑卜，其侑亳社，惠牷。（《合集》28106）

---

① 见《春秋穀梁传》及《礼记·郊特牲》。

戊子卜，其侑岁于亳社三少牢。(《合集》28109)

……亳社，飨。(《合集》28107)

其侑燎亳社，有雨。(《合集》28108)

其方禘，亳社燎，惠牛。(《合集》28111)

这些卜辞不太好懂，但大家容易看出，对"亳社"多用燎祭，即焚烧牺牲的祀法，其目的多为求雨。

其实，甲骨文的这些材料并不是"亳社"，问题是"亳"这个字释错了。请看《屯南》59卜辞：

其祷于膏社。

"膏"和"亳"是没有办法通假的，可见"亳"字的释法实有疑问。

被大家误认为"亳"的字，从"高"省，从"艹"，应为"蒿"字，因此可同"膏"字通假。"蒿"就是"郊"，《周礼·载师》注便讲到"蒿""郊"的通用。"郊社"在古书中常见，如《尚书·泰誓》《礼记·仲尼燕居》等都有这个词。读者如把上面引的卜辞"亳社"都改正为"郊社"，意思就更明白通顺了。总之，商代没有亳社的称呼，只是到了商亡以后，在鲁国才出现亳社这一事物。

鲁国的殷人，经过与周人长期共处之后，本身的特点逐步减弱。前面说过的腰坑殉狗的葬俗，在春秋时期便渐归消灭了。这是殷人、周人文化传统趋向融合，界限慢慢泯除的表现。现在还没有在曲阜找到战国时期的甲组墓，这究竟是未能发现，或是战国时已没有维持殷人传统的墓葬了，是一个值得考虑的问题。

本节的讨论，为商周文化的比较研究提出了一些值得思考的启示。

早在春秋时代，孔子已经讲过商周礼制的因革问题。孔子本身是殷人之后，他又精于周礼，因而他对这一问题的见解是有权威的。《论语·为政》载："子张问十世可知也，子曰：'殷因于夏礼，所损益可知也；周因于殷礼，所损益可知也；其或继周者，虽百世可知也。'"所谓"礼"，就是各种制度。孔子认为夏、商、周三代的制度，是有所区别，但仅不过是"损益"的关系，基本上仍是一脉相承的。夏礼如何，我们了解得不多，殷商的礼，通过考古发掘和古文字学的研究，目前的知识已颇可观。对比商周礼制，应该承认孔子的话是合于事实的。

哈佛大学张光直先生在《从夏商周三代考古论三代关系与中国古代国家的形成》文中写道："夏商周在文化上是一系的，亦即都是中国文化，但彼此之间有地域性的差异。"[1]在另一篇题为《中国青铜时代》的文章中，他又说："根据现有的文献与考古证据来看，三个朝代都以一个共同的中国文明为特征。这不但在这个文明的早期阶段——夏和商——包括地域较小时是如此，而且在较晚的阶段，如青铜器的广泛分布所示，其领域伸展到包括华南广大地区在内的中国全部时也是如此。"[2]这就是说，三代的差异是次要的，一贯性才是主要的。

曲阜鲁故城墓葬的发现告诉人们，殷人和周人的文化有差异，

---

[1] 张光直：《从夏商周三代考古论三代关系与中国古代国家的形成》，《中国青铜时代》，生活·读书·新知三联书店，1983 年。

[2] 张光直：《中国青铜时代》，《中国青铜时代》，生活·读书·新知三联书店，1983 年。

而且这种差异保持了好几百年，在鲁国仍是可见的。然而发现也证明，这种文化差异自始至终是比较细微的，并不存在什么根本的不同。我们就殷商和周人的文化做比较考古学的研究，不可忘记这一基本的事实。

参考文献：

山东省文物考古研究所、山东省博物馆、济宁地区文物组、曲阜县文管会编：《曲阜鲁国故城》，齐鲁书社，1982 年。

新美宽：《鲁の亳社に就いて》，《支那学》八—四，1936 年。

小南一郎：《亳社考》，《殷墟博物苑苑刊》创刊号，1989 年。

张光直：《中国青铜时代》，生活·读书·新知三联书店，1983 年。

李学勤：《夏商周离我们有多远？》，《读书》1990 年第 3 期。

四、规矩镜、日晷、博局

　　规矩镜是汉代铜镜的一大门类。镜背上面的花纹有T、L、V形各4个，因而西方学者称之为TLV镜。这种铜镜又可分为若干种，最多见的是四神规矩镜，镜背中间有方钮座，周围有青龙、朱雀、白虎、玄武四神及TLV花纹，环以圆圈形的边缘。图1所示，就是一面典型的这种镜。

　　TLV花纹有什么意义，长期以来是困扰着考古学和美术史学者的一大问题。迄今为止，中外论著提出的见解已有十来种，始终莫衷一是。这些看法，如果一一介绍，会使您感到烦琐。读者如有兴趣，可参看樋口隆康《古镜》或孔祥星、刘一曼的《中国古代铜镜》。这里只讨论学术界最有影响的两种看法，即日晷说和博局说。

　　日晷说的提出者是英国的叶慈（W. Perceval Yetts）。1939年，他在伦敦出版了《柯尔中国铜器集》①一书，图版XXXI有一径21厘米的四神规矩镜，叶氏定其年代为王莽时期。他根据日本学者对乐浪出土品的研究，认为镜上图形类似数术用的式盘，接着引用端

---

① *The Cull Chinese Bronzes*, Courtauld Institute of Art, University of London, 1939.

方和怀履光（William White）收藏的两件汉代石日晷，指出上面也有TLV花纹。叶氏的结论是，这种花纹具有宇宙图形的性质，并建议称之为"日晷镜"。

叶慈教授的这一看法，为许多人，特别是海外学者所接受，不少论作对叶说做了阐发和补充。他们提到，规矩镜上的方座象征地，圆缘象征天，四神代表星宿，这显然是一幅当时人心目中的宇宙图形。

图1　四神规矩镜

叶氏在他的书里，已经注意到TLV花纹和博局的关系。"博"即六博，是中国古代非常流行的一种游戏，常与"弈"即围棋并称。古书有很多关于博的记载，可惜的是它究竟怎样玩，却早已失传了。和棋盘相似，博也用一种方形的盘，就是博局。汉代的画像石上，屡次出现博戏的景象，所用博局上面的花纹，正同于铜镜的TLV。日本的中山平次郎、法国的沙畹（E. Chavannes）都对这种画像石做过研究。1937年，美国卡普兰（Sidney M. Kaplan）在论文《论TLV镜的起源》[①]中也讨论到有关问题。不过，他们和叶慈都没有主张TLV的性质就是博局。

40年代，在美国的杨联陞先生在《哈佛亚洲研究杂志》刊出《所谓TLV镜与六博小记》[②]，对画像石上的博局做了明确的考证。他更进一步认为TLV镜上的花纹同于博局。博局说至此已告形成了。

近年主张博局说的论著，举出了一些新的考古证据。

在田野考古中，业已发现了不少秦汉时期的六博用具，包括保存良好的博局实物。这使我们看到，所有的博局上面，都有TLV这样的花纹，不过博局是方形的，与铜镜之为圆形不同。1979年发表的熊传新《谈马王堆三号西汉墓出土的陆博》说："博局通体髹黑漆，再用朱色双线勾出格道和图案。在汉代铜镜上的这种纹饰，人们称为'规矩纹'，并把这种铜镜，叫做规矩纹铜镜。现在看来，也可以称做'博局纹铜镜'。"[③]

1974年，在河北平山的战国中山王墓的陪葬墓中，发现了长44.9厘米、宽44.1厘米的大型博局，是用石板雕成的，上面也有TLV花纹。这座墓的年代，可估计在公元前320年左右，所以这是

---

① Sidney M. kaplan, "On the Origin of the TLV Mirror", *Revue des Arts Asiatiques*, Tome XI, I, 1937.

② L. S. Yang, "A Note on the so-called TLV Mirrors and the Game Liu-po", *HJAS*, IX, 1945.

③ 熊传新：《谈马王堆三号西汉墓出土的陆博》，《文物》1979年第4期。

现已出土的最早的博局。1981年，这件石板博局在日本展览，图录《中山王国文物展》说："由本器看来，汉代所谓'规矩纹镜'实际上是六博纹镜。"看法与上引熊氏相同。

博局说到1987年又有新的发展，表现于1987年第12期《考古》刊布的周铮《"规矩镜"应改称"博局镜"》一文。周氏在整理中国历史博物馆收藏的铜镜拓本时，找到一面四神规矩镜，其铭文是："新有善铜出丹阳，和以银锡清且明，左龙右虎掌（？）四彭（方），朱爵（雀）玄武顺阴阳，八子九孙治中央，刻具博局去不羊（祥），家常大富宜君王。"铭文详细解说了镜上的纹饰，龙、虎、朱雀、玄武是四种神，八子九孙是钮座上面和周围的乳钉，博局当然便是指TLV纹了。因此，文章"建议今后应将'规矩镜'改称'博局镜'"。

博局说看来很有道理，但是铜镜上为什么要有博局的图案呢？博局怎么会和代表天上星宿的四神（有时还有表示方向和时辰的十二地支）结合在一起呢？博局说尚未能回答。周铮对这一点也不满足，"认为除'博局'的形状有浓厚的图案趣味外，恐怕'博局'本身还蕴藏着一些深刻的含意"。

博局的含意是什么，这就又要回到日晷说了。

应该注意到，日晷说的提出是把铜镜和日晷这样两种表面上看来渺不相关的文化遗物联系起来，进行比较研究。现在我们还是应该从这里入手。

汉代的石日晷到现在一共发现有3件，它们是：

（一）端方旧藏，1897年山西托克托城（今内蒙古呼和浩特南）出土，现陈列于北京的中国历史博物馆。这件日晷的边长是27.5厘米×27.6厘米，中央有立表的圆孔，外面有一圆周线，上有69个刻度，各有一立"游仪"的小孔。TLV纹即叠刻于刻度之上，较为草率，不是同时所刻（图2）。

（二）怀履光旧藏，1932年河南洛阳金村南出土，现在加拿大多伦多的皇家安大略博物馆。这件日晷边长27.04厘米×27.68厘米，形制、图案均与端方一件相似，但是一次刻成的，TLV纹规整精细。

（三）周进旧藏，著录于《居贞草堂汉晋石影》书中，仅残存一小部分，但仍可看出原来图案和上两件相同。残石传出土于山西右玉，这一地点与托克托相距较近。

陈梦家先生曾经指出，端方、怀履光的两件日晷大小相仿，但图案中的圆周线直径略有差别，前一件为23.2厘米—23.6厘米，后一件为24.5厘米，分别近于西汉或东汉的一尺。这暗示两器的年代可能有所不同，是很重要的。

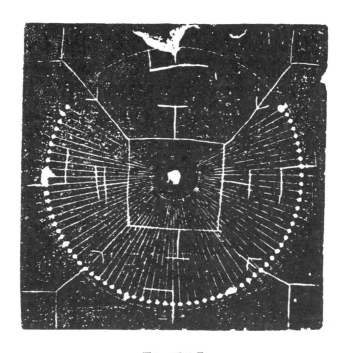

图2　石日晷

石日晷是一种意义重大的仪器，又体大质重，不可能同时用作博局，更没有理由把博局的花纹刻在上面。日晷的用途是根据太阳的运动测度时间，其图案的意匠应该如孙机先生文所说，是"象征天宇"。TLV纹是古人思想中的天宇框架，太阳即在其间运行。

日本京都大学的小南一郎先生在1987年撰有《六博的宇宙论》一文，专门讨论了博局图案的宇宙论性质问题。他根据大室干雄对围棋的研究，说明围棋有宇宙论的象征性，六博的局上也描绘着"象征天地构造的图形"。（附带说一下，象棋黄河为界的图形也象征着古人心目里天下大地。）

博局上的图案象征天宇框架，其实是明见古书的，只是没有人加以注意罢了。有关记载乃是《尸子》的一条佚文，见于《文选》卷二十九左太冲《杂诗》注，文为："八极为局。""局"即博局，这是说博局上有"八极"的形象。

《尸子》的作者是尸佼，战国时期鲁国人。他做过秦相商鞅的宾客，受到商鞅师事，参与政事。商鞅被诛之后，他逃亡蜀地，最后死在那里。尸佼的生卒年代，钱穆《先秦诸子系年考辨》估计为公元前390—前330年，这和平山中山墓的石板博局的时代相差不多，可见《尸子》所说的博局，上面的图案也应是TLV纹。

"八极"这个词，除《尸子》外，又见于《荀子》等书。《荀子·解蔽》云："明参日月，大满八极。"可知"八极"为天地的边际。《淮南子·地形训》云："天地之间，九州八极。"高诱注："八极，八方之极也。"《地形训》篇还详述八极之名：东北为方土之山，称苍门；东方为东极之山，称开明之门；东南为波母之山，称阳门；南方为南极之山，称暑门；西南为编驹之山，称白门；西方为西极之山，称阊阖之门；西北为不周之山，称幽都之门；北方为北极之山，称寒门。"凡八极之云，是雨天下；八门之风，是节寒暑。"此外，《山海经·大荒南经》注引《启筮》一书也说："空桑之苍苍，八极之既张，乃有夫羲和，是主日月，职出入以为晦明。"综合这几种记载来看，"八极"实指支撑天宇的八座山，是天地间的维系。《淮南子·天文训》说共工"怒而触不周之山，天柱折，地维绝。天倾西北，故日月星辰移焉；地不满东南，故水潦尘埃移焉"。撞断的就是"八极"中的西北一极。

《鹖冠子·天则》云："举以八极。"陆佃注："八极，八方之极，四中四角是也。"所以TLV纹分布在四面八方，正是八极的象征，与《尸子》所述相合。

因此，日晷说和博局说实际不但不互相冲突，而且相为补充。日晷、博局、铜镜三者，看来风马牛不相及，经过比较研究，都体现着古人的宇宙观念。TLV纹如果要找一个有典据的词代替，似乎最好叫作八极纹。

八极纹的铜镜，在汉初已颇多见，王莽前后更为盛行。这和天文数术的传播大有关系。三国以后，这种花纹逐渐变形和衰落，日本也有仿制这种铜镜的，其L纹多与中国原品逆反，是其特点。

直到唐代，还有八极纹的遗存，如一种四神镜，方钮座，有四神形象，但只有V而没有T和L纹了。日本京都国立博物馆的一件，系永徽元年（650）所制，守屋孝藏氏旧藏。类似的出土品，有河南临汝孙村所出的，见洛阳博物馆编《洛阳出土铜镜》72①。

一枚小小铜镜，上面的图形却包含天地，这是中国文化的特色

---

① 洛阳博物馆编：《洛阳出土铜镜》，文物出版社，1988年。

之一，颇能启人深思。不过，如果我们不把铜镜、日晷、博局这三种看来风马牛不相及的事物互相比较，是不能揭示个中真相的。

参考文献：

傅举有：《论秦汉时期的博具、博戏兼及博局纹镜》，《考古学报》1986 年第 1 期。

陈梦家：《汉简年历表叙》，《汉简缀述》，中华书局，1980 年。

孙机：《托克托日晷》，《中国历史博物馆馆刊》总第 3 期，1981 年。

小南一郎：《六博の宇宙论》，《月刊百科》1987 年第 7、8 期。

京都国立博物馆：《守屋孝藏蒐集方格规矩四神镜图录》，1970 年。

五、三星堆与大洋洲（上）

　　《求索》杂志的1981年第2期，刊出了湖南省博物馆馆长高至喜的论文《"商文化不过长江"辨》。这是一篇很有启发意义的文章，只是由于刊物流传不广，特别是在海外学术界还很少有人注意。

　　论文指出："在过去一个较长的时期里，许多学者把商王朝的势力范围和文化影响的南界都定在湖北或长江，很少有涉及湖南或江南的。……究竟商文化是否渡过了长江、延伸到湖南境内？这对研究中国古代史具有重要的意义。"商文化的影响有可能过江，这在以往某些学者看来，简直是荒谬的狂想。有的著作甚至把《楚辞》的地理背景搬到江北，怎么能想象江南有商文化的影响呢？

　　事实上，江南早就有商代文物发现，湖南境内尤为集中。如高文所述，二三十年代湖南即出土商代青铜器，受到注意。安化的虎食人卣、桃源的方罍、宁乡的方尊，就是著名的例子。近40年来，湖南出土商代青铜器的地点，遍及石门、华容、岳阳、宁乡、长沙、湘乡、安化、湘潭、醴陵、衡阳、邵阳、常宁等市县，不能缕数。同时，在石门、澧县、岳阳、辰溪、浏阳、宁乡、长沙、安仁、衡山等地，又先后发现商代遗址或者采集到带有商文化特征的遗物。南方的其他省区，包括广西，也或多或少有类似的发现。商文化影响的远及南方，已经有无可辩驳的证据。

可是，商文化在南方的影响，还不能只从有关遗存的广泛存在来论证。我们知道，中原地区的商文化是丰富多彩的，以商代晚期的都邑殷墟来看，不仅有广大的居住遗址、作坊遗址，而且有大型的墓葬，蕴藏的随葬品极为精美，表明了当时生产和美术的发展高度。必须在南方也找到规模相当的商代遗存，才能证实当地文化的繁盛发展。

最近，终于有两处重大发现，其规模足与殷墟的大墓媲美。这就是成都平原的广汉三星堆和江南赣中的新干大洋洲。

让我们先谈广汉三星堆。

广汉县位于四川省成都东北不远的地方。三星堆所在的古代遗址，并不是近年刚发现的，而是中国考古学史上早期发现之一。这里最早受人注意，是在1931年（或说1929年，恐不确）。当时有名叫燕道诚的农民，在家旁一条沟底挖出一坑玉石器，有大小石璧及玉圭、玉璋、玉琮、玉斧等三四百件。器物一部分，当时为华西大学博物馆所收藏。1934年，该博物馆的葛维汉（D. C. Graham）、林名均曾在当地试掘，后有报告发表。

试掘刚刚结束，郭沫若先生在日本得知讯息，即写信索取有关资料。他在收到资料后，1934年7月致函林名均说："你们在广汉发现的工艺品，如方玉、玉璧、玉刀等，一般与华北和中原地区的出土器物极相似。这就证明，西蜀（四川）文化很早就与华北、中原有文化接触。在殷代甲骨文上就载有'蜀'称，武王伐纣时，蜀人协助周王作战。此外，在广汉发现的各种陶器是极古老的器型，你们判断为周代早期的文物，也许是可靠的。现在我只能说这么多。有朝一日四川别处会有新的发现，将展现这个文化分布的广阔范围，并且肯定会出现更可靠的证据。"他的这个预期，后来果然得到实现。

葛维汉1936年刊布的《广汉发掘简报》里，曾这样描写燕道诚家附近的地形："燕家附近的一个小山旁，有个大半圆形弯曲地，好似一轮明月，名叫月亮湾。……南面较远处有座小山，有三个小圆丘，把它们视作星座，称这些土墩为三星堆。"三星堆之名，在此已经出现了。现在知道，燕家所在，即现在大家熟悉的真武村燕家院子，是在遗址的中心区。这一带由后来陆续发现的石璧半成品、玉磨石等物看，乃是玉石器作坊遗址。

郑德坤先生在1946年出版的《四川古代文化史》书中，以《广汉文化》为章题，对通过上述发现揭示的文化做了讨论。3年以后，他在福州的《协大学报》上发表论文，依遗址附近地名，称这种文化为"太平场文化"。

20世纪50年代以来，四川省文物管理委员会、四川大学历史系等单位，多次在该遗址调查和试掘，有不少收获。现藏在四川大学博物馆、四川省博物馆的30年代发现的文物，也有学者重新观察研究。1980—1981年，考古工作者在三星堆做了规模较大的发掘，除大量陶器、石器外，发现有房屋基址、灰坑、墓葬等。发掘者在研究了遗址的文化特点后，把这种文化命名为"三星堆文化"。他们还指出，三星堆遗址的年代大致在新石器时代晚期以至商代，同时这种文化在成都、雅安、汉源、阆中等地都有分布。

1986年，在三星堆发掘了两座大型的器物坑。两坑相距不过30米，都是长方形，1号坑长4.64米，宽3.48米；2号坑长5.3米，宽2.3米。坑中出有大量青铜器、玉石器、陶器、象牙、骨器、海贝，还有少数金器等物。这项发现的讯息，很快就传遍海内外学术界。

三星堆这两座器物坑的年代，有相当明确的考古学依据。1号坑的坑口在第Ⅱ发掘区的第六层下，2号坑的坑口则在同区的第五层下，所以两者并不是同时的。按照发掘者所做遗址分期，第六层属于遗址第三期的后段，第五层属于第四期的前段。据称，已有的碳十四测定的年代数据，第二、三期的几个数据都在距今4000—3500年之间，第四期的一个数据为距今3005±105年，有关第三期的数据可能偏早。结合器物类型考察，1号坑应相当殷墟早期，2号坑相当殷墟晚期。

两座坑中的器物，多有经过焚烧的迹象。在1号坑里，还发现了将动物燔烧砸碎造成的骨渣，杂有竹木灰烬。发掘简报据此推测，这是古代举行燎祭的遗迹。按照古书记载，燎是用柴焚烧祭品，主要是对天的祭祀方式。这一推断，应属可信。

1号坑中出土的文物，有几种珍贵的金器，都是以金箔制就的。一件金面罩、一件金虎形饰，均有捶压的纹饰。又有一件金杖，是把金箔包卷在木柄外，上端安装铜制龙首形饰。杖的金箔表面，有平雕的人面、鸟、鱼等图案，十分精细，是难得的美术品。

青铜器有尊、瓿、盘等容器多件，但更引人注目的，是若干型式各异的青铜人面。这些人面五官的模样，和中原地区所见人面造型颇有差别。另有一件全身人像，头上有高髻，身穿衣裤，作跽坐状。

玉器有平端的圭、歧端的璋，还有戈、瑗等物，都是加工精细的礼玉。不少圭、璋或戈，内部和援部之间雕有非常细致的花纹和阑饰。有的璋歧尖之间有鸟形，璋援上还线刻出璋的图形，真是匪夷所思。还有柳叶形的玉剑。

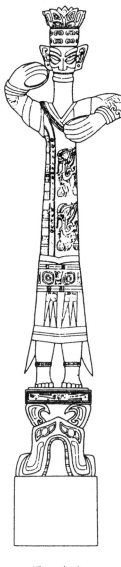

图3　铜人

2号坑出有更多的文物。以象牙为例，1号坑有13根，2号坑则有60多根。这一坑中的青铜器，以出土件数计，达到439件之多。其中最突出的，是一件高达2.6米的铜人。这尊铜人（图3）有高帽长衣，却是赤足。他站在有扁足的双层台座上，双手作持物形。从臂部姿势和手指呈圈形看，原来手间应插有木质的柄杆，所以铜人实际是一种大型的器座。

青铜的人面、人首也很多。最巨大的一件人面，竟宽达1.38米，高0.65米。其耳翼伸长，眼珠凸出，大约是表示有千里眼、顺风耳的神力。额头和脸侧都有方形钉孔，看来本是固定在木制躯体上的。较小的人面、人首，尺寸不一，装饰也各异，或辫发，或戴冠，有的还束有发髻。小型全身人像有8件，有的也是附着在其他器物上面的。另外，又有几件兽面。

坑内有青铜的"神树"，业已残碎，不能完全复原。由底座知道应为两株，其一座上有人形。树的枝茎上有龙和种种鸟兽，有花、叶、果实，并有悬铃。

青铜容器有尊、罍、方彝等类。兵器

有一种两侧有孑刺的戈形器，是前所未见的，件数较多。

玉器有璋、戈、瑗、环等多种。歧锋的璋，形状和过去30年代发现的接近。有一种斜端的石璋，上面刻有人、山、璋形等花纹。

由以上不完全介绍，读者可以知道，三星堆器物坑中的文物，多数是充满地方特色的，同时其青铜器、玉器又明显地反映出中原商文化的影响。成都平原在古代是蜀国的中心。蜀是一个起源很早的诸侯国，《大戴礼记·帝系姓》《山海经》《世本》《华阳国志》等书记载，黄帝之子昌意娶蜀山氏之女，生颛顼。《华阳国志》又说，帝喾封其支庶于蜀，"世为侯伯，历夏、商、周"。这些传说，表明蜀国和中原有着比较密切的关系。三星堆的考古发现，正证实这样关系的存在。

观察三星堆的青铜器，可以发现一些有趣的现象。1号坑出的龙虎尊，饰有虎食人的图案，很像1957年安徽阜南朱砦发现的一件，但细看其纹饰风格比阜南的尊略晚。2号坑的四牛尊、三羊尊，折肩上有伏鸟，高圈足，足壁向外膨出，与中原的不同。和它们类似的，有湖南华容、湖北枣阳、陕西城固出土的几件，尤其华容、枣阳的更为酷肖。2号坑的四羊罍，腹部作直筒形，也接近湖南岳阳、湖北沙市的出土品。由此可见，三星堆青铜器所受商文化的影响，有可能是自湖北、湖南沿江而上传来的。

自古盛称蜀道之难，但我们以三星堆的蜀文化与中原的商文化比较，证明两者间交往是畅通的。商文化的影响相当迅速地到达蜀地，这对古史研究而言，是一个重要的发现。

参考文献：

D. S. Dye（戴谦和），"Some Ancient Circles, Squares, Angles and Curves in Earth and in Stone in Szechwan, China", *Journal of the West China Border Research Society*, 4, 1934.

D. C. Graham, "A Preliminary Report of the Han-chou Excavation", *Journal of the West China Border Research Society*, 6, 1936. 有沈允宁中译本。葛维汉：《广汉发掘简报》，四川省文物管理委员会、四川省文物考古研究所印。

Cheng Te-K'un, "The T'ai-P'ing-Ch'ang Culture,Szechwan", *Studies in Chinese Archaeology*, The Chinese University Press, HongKong, 1982.

四川省广汉市文化局编印：《广汉三星堆遗址资料选编（一）》，1988年。

四川省文物管理委员会，四川省文物考古研究所，广汉市文化局、文管所：《广汉三星堆遗址二号祭祀坑发掘简报》，《文物》1989年第5期。

李学勤：《商文化怎样传入四川》，《中国文物报》1989年7月21日。

六、三星堆与大洋洲（下）

下面，我们再来谈新干大洋洲。

新干县位于江西省中部，濒临赣江。1989年秋，该县大洋洲农民在程家沙洲取土，修护江堤，掘获一些青铜器。考古工作者随即前往发掘，至12月结束，证明是一座规模宏大、内容丰富的商代墓葬。出土品经过精心整理修复，在1990年11月于南昌展出，并由江西省文化局、江西省博物馆举行了新闻发布会。

要讨论新干大洋洲的这座大墓，也应对该地区的有关考古工作做一回顾。江西这个地方，过去很多人以为古属"荒蛮"，无古可考。40年代中期，新干北面不远的清江县有一位教师饶惠元先生，利用业余时间，进行考古调查，发现了许多新石器时代以来的遗址，开拓之功实不可没。可是，那时还没有人能够想到，商代在清江一带会有发展较高的文化。

1973年，在清江县（樟树镇）西南的吴城发现了商代文化遗址，发表后曾在考古界引起一定的轰动。这处遗址面积约4平方公里，有一座被称作"吴城"或"铜城"的古城（城垣本身的情况尚待报道），其面积有61万平方米，从1973年到1979年间进行的5次发掘，除在古城里面找到房屋基址、灰坑等外，还发现有陶窑和铸铜石范，墓葬则多在古城以外南面。

吴城遗址出土了许多陶器、原始瓷器、石器，也有一些青铜器和玉器。发掘者经过研究后，把这里的文化称为吴城文化，并划分为三期：一期相当于中原商文化的二里岗期上层，二期相当于殷墟早中期，三期相当于殷墟晚期甚至西周初。吴城的出土器物以及房屋基址、墓葬都与中原的相近，"这说明吴城遗址与中原文化之间有着极为密切的关系，它的主要堆积的三期和河南从二里冈到小屯的商文化的发展过程也颇为相似"[①]。当然，吴城文化是有明显的地方特点的，例如印纹陶、原始瓷器的大量出现等，是中原商文化所未有。

吴城遗址及其附近，先后发现若干青铜器，其中较重要的有：遗址采集的鸟首钮器盖，遗址南正塘山出土的目雷纹罍、戈、矛，遗址东北锄狮垴出土的扁足鼎。这些器物除器盖或可稍早外，都属于吴城二期。两件扁足鼎最为精美，浅腹上都饰有饕餮纹。一件立耳上有虎形，腹下是虎足；另一件立耳上为鸟形，腹下也是鸟足，甚是别致。它们的花纹，同殷墟早期器物十分接近。

吴城遗址还有一个特点，就是有很多陶文。据报道，陶文中最多见的是"戈"字，可以肯定是当地的重要族氏。还有几件陶器，上面的文字较多，有的目前尚难解读，有的则很清楚是和殷墟甲骨文一样的文字。这可以说是这处遗址和中原商文化有密切关系的最好证明。

[①] 江西省博物馆、北京大学历史系考古专业、清江县博物馆：《江西清江吴城商代遗址发掘简报》，《文物》1975年第7期。

吴城文化的分布相当广泛，从赣西北到赣中，已经调查到不少遗址。甚至赣南的赣县等地，也有类似的发现。不过，在十几年间，在吴城和其他地方都没有出现大型墓葬，没有发掘到成组的珍贵文物，如殷墟那样，所以人们对当地的文化发展程度仍然存在怀疑。现在，新干大洋洲大墓的发现，把人们的观感一下子改变了。

大洋洲大墓是一座东西向的竖穴墓，原来可能有封土，一棺一椁，椁室长8.22米，宽3.6米，东西端有二层台。棺在椁室中央，墓主尸骨无存，但椁室出有人齿，分属3个个体，当系殉葬人的遗迹。随葬品有青铜器480多件、玉器100余件、陶器300多件等，可谓洋洋大观。

这座大墓的规模，不妨与殷墟的各座陵墓做一对比。殷墟侯家庄西北冈到武官村一带的大墓，是商代晚期的王陵。其中最大的如西北冈1001大墓，自然比大洋洲大墓宏伟许多。可是这些陵墓早已被盗，即使有些剩余随葬器物，也寥寥可数，只能想象原来的豪华丰富。迄今殷墟发现的未经触动的王室墓葬，仅有1976年发掘的小屯5号墓，即著名的妇好墓，墓主是商王武丁的王后。妇好墓也是竖穴墓，南北向，长5.6米，宽4米，一棺一椁，有二层台。棺在椁室中部偏南，未见墓主尸骨，殉人至少有16人。随葬品有青铜468件（铜泡未计）、玉器755件、象牙器3件、陶器11件及石器、骨蚌器、海贝等。大洋洲大墓的形制比妇好墓大，而殉人较少。青铜器的数量，两墓大体相当。玉器则妇好墓较多，可能是由于墓主是女子。至于陶器，大洋洲大墓就多得多了，这大概是当地盛产陶瓷（指原始瓷器）的缘故。总的看来，大洋洲和殷墟妇好墓可谓是南北辉映，不相上下。

大墓和吴城遗址的联系，是显而易见的。墓中随葬的成批陶器，和吴城所出土的相一致，有着一样的陶文，都属于吴城二期。青铜器中的扁足鼎，和上述锄狮堖所出也风格相同。吴城距大洋洲大墓不过20余公里，它们之间的关系，很可能是都邑和墓地，就像殷墟的小屯和侯家庄那样。我们研究当时的吴城文化，必须把两者结合在一起来考察。

关于大墓出土器物，至少有以下几点，值得特别注意：

第一，墓中有不少大型器物，如青铜器有高达1.1米的大甗和0.97米的大方鼎，陶器也有大尊等，都表现了宏伟的气魄。这可以看到墓主拥有雄厚的财力，也反映出当时社会生产的发达。

第二，墓中有些器物，是墓主身份、威权的象征。例如大钺，代表着兵刑的权力。还有青铜的带柄瓠形器，是举行隆重的裸礼所用的瓒，也不是一般墓葬中所能有的。看来墓主应属于方国诸侯一级。

第三，相当多的器物体现了很高的工艺水平。比如一件细颈方卣，腹上有相通连的穿孔和管道，可能是为便于烫酒而设计的。这样复杂的形制，究竟如何用范铸法造出，很需要研究。又如一件玉羽人，头后有3个链环，是以整块材料掏雕而成的，在商代玉器中前所未见，令人瞠目。

第四，青铜器中有水平颇高而且成组成套的工具和农具。工具除常见的木工工具外，有的还可能是皮工用的工具。另外有些形制特殊的，用途尚有待鉴定。农具也很多，包括铲（钱镈）、耒、耜、犁、镰等种，相当齐备。以前学术界多认为古代不广泛使用青铜农具，由此足以祛疑。特别是大墓中的多件镰刀，与后来流行于长江地区的青铜镰刀有直接关系，更表明青铜农具有久远的渊源。

第五，大墓中的青铜器，既有强烈的中原影响，又有明确的地方特色。大方鼎等器物，形制、纹饰、工艺都与中原商文化二里岗期的相似。另外又有一些器物，表现出较晚的特点，如方卣就很像殷墟小屯 YM331 的一件。这种新旧风格交互并存的现象，正好与中原的殷墟早期相同。

青铜器的地方因素，照例在兵器、用器上表现较多，大洋洲大墓的情况也是如此，一些异形兵器为中原所未有。如一侧的翼特大的箭镞，前此仅在海外见到一件，当时诧为奇观，哪里想到是商代的东西？

谈到大洋洲大墓的地方因素，在目睹实物以前，由于新干以及清江一带距离湖南不远，总猜想大墓的出土品应近于湖南的器物。等到仔细检视，接近湖南的地方竟意外地少。以青铜器来说，和湖南所出仿佛的只有少数几种。如乐器的镈和铙，本来是南方特有的，但这里的镈形制、纹饰都有自己的特点；铙则更近于东南地区的，与湖南的差别较大。

从大洋洲大墓知道，中原商王朝同赣西北、赣中地区有着密切的交往关系。根据近年的考古工作，在江西省北端的瑞昌，有大规模的古代矿冶遗址，其开采年代可上溯到商代中期。这处铜矿，可能不仅为江西当地提供金属材料，而且是商王朝所依靠的重要原料产地之一。中原到江西的通道，对商朝的青铜文化恐怕起着命脉的作用。

吴城遗址发现后，唐兰先生曾推想那里在商代是越人的居住地。最近，彭适凡等江西学者更推阐此说。唐先生引古本《竹书纪年》所载，周穆王"三十七年，伐越，大起九师，东至于九江"。按古代九江不止一地，《晋太康地记》引汉代刘歆说，九江即注入彭蠡泽（今鄱阳湖）的湖汉水（今赣江）及其8条支流。吴城、大洋洲都在这个区域，所以越人说是有根据的。

可惜的是，目前我们还无法考定吴城、大洋洲所属方国的名称。这主要是因为古书中江西这一带的古地名太少，当地又没有较多的铭文发现。实际上，吴城陶文中为这个问题还是提供了一些线索。有一件灰陶钵，外底刻有"峀田（甸）人且（祖）"四字，甸人是管理郊外田野的职官；又有一件黄陶罐，肩上刻有"峀相且（祖）之宗"等字，相也是官名。这两条陶文可以理解为峀国的相和甸人祖庙用器的标记。这项考释假如不误，峀就是当地方国的名称。这自然需要更多材料，才能加以证实。

以上我们介绍了四川广汉三星堆、江西新干大洋洲两地的重大发现，并以之同中原的商文化做了比较。这两个地方距中原都非常遥远，可是事实证明，它们和中原的文化交往是相当密切的。经过比较研究，还可以说，当时这种文化交往的道路是畅通的，影响传播并不需要较长的时间。

三星堆和大洋洲也有一定的差异。在三星堆，当地民族（蜀人）的色彩要比大洋洲更浓厚。这说明蜀国立国早，文化的传统也更能维持久远，而大洋洲一带的越人则更多地被中原文化所浸润。他们后来的结局也不一样：蜀国直到战国还是具有独特文化的诸侯国，后虽为秦所灭，文化特点一直流传至汉；赣西北、赣中地区至东周成为"吴头楚尾"，原有的特点业已消失了。

商代南方的文化确实已相当繁盛，相信不久会有更多新发现的讯息。

参考文献：

江西省文物考古研究所、江西省新干县博物馆：《江西新干大洋洲商墓发掘简报》，《文物》1991年第10期。

江西省博物馆、北京大学历史系考古专业、清江县博物馆：《江西清江吴城商代遗址发掘简报》，《文物》1975年第7期。

江西省博物馆、清江县博物馆：《江西清江吴城商代遗址第四次发掘的主要收获》，《文物资料丛刊》2，文物出版社，1978年。

彭适凡：《中国南方古代印纹陶》，文物出版社，1987年。

江西省文物考古研究所铜岭遗址发掘队：《江西瑞昌铜岭商周矿冶遗址第一期发掘简报》，《江西文物》1990年第3期。

彭适凡、刘诗中：《关于瑞昌商周铜矿遗存与古扬越人》，《江西文物》1990年第3期。

七、百越的尊、卣

尊和卣这两种酒器，是中原青铜器中的常见器种，商代开始流行，到西周中期渐归消失。它们的演变情况，经过学者长期研究，已经比较清楚。可是在南方，尊、卣的存在时间要长得多，而且有着特殊的性质与意义。前几年，我曾写过《吴国地区的尊、卣及其他》一文，讲了吴地这种器物的特点，并说："长江中下游以南的尊、卣系受中原地区影响，而这种影响是首先在吴国地区传入的。尊、卣在中原消失以后，在南方继续传留，吴国灭亡后还在随人、越人那里保存着。"关于越人的尊、卣，该文没有详细论述。由于最近又有重要发现，所以值得在这里专门讨论。

先谈谈这种器物的发现经过。

1963年，湖南省中部的衡山县霞流镇，湘江堤岸下被洪水冲出一批文物。后来经考古学者调查，原来是一座墓葬，尚存墓坑的一角。所出器物，据报道有两件形制奇特的尊、钺，"共存的器物还有盆形铜盨、铜鼎、铜钟、铜削刀、铜矛、铜笄、铜箭镞和玉蝉、砺石等"，估计其年代为"春秋战国之际"。

衡山的这件尊，《中国美术全集·工艺美术编5·青铜器（下）》

图版四四有彩色照片。它的形制是侈口、垂腹，高21厘米，口径15.5厘米。花纹非常特殊，不少论著曾以为是"蚕桑纹"，后来与其他器物比较，知道主要的乃是蛇纹。在尊的口沿上，有许多首部翘起的蛇，两两相对；颈上是三角形的云纹，腹部则有一对锋尖向外的靴形钺的图形，并以蛇纹衬地。同出的钺，正是与此图形类似的靴形钺。

到1971年，在广西壮族自治区恭城县秧家出土了一批青铜器，据调查也是一座墓葬。所出有鼎、尊、罍、编钟、戈、靴形钺、剑、箭镞、斧、凿、车器等，共33件。尊共有两件，较小的高16厘米，口径16.8厘米，《中国美术全集·工艺美术编5·青铜器（下）》图版四九有彩色照片。形制和衡山的尊一样，也是侈口、垂腹，颈部饰相对的蛇纹，其间有蛙；腹部在大的蛇纹之间，又有小蛇、蜥蜴、蛙等，还有上面有立鸟的柱形物。尊上的辅助花纹，如联珠纹、云纹、锯齿纹等，多和衡山尊近似。较大的一件高19厘米，口径18厘米，腹部饰三角形的云纹，也和衡山尊上面的相近。报道认为其年代"属于春秋晚期或战国早期"。

此后十几年间没有类似发现。1986年3月，湖南湘潭县金棋村的农民挖鱼塘，发现了一件大型的卣，才使我们对这类青铜器有了进一步的了解。湘潭县正好在衡山县北面，出土地点在涟水岸边，没有伴出的器物。

湘潭的这件卣，高达35.5厘米，口径28厘米，可是器壁甚薄，仅厚0.2厘米。它在形制上的特点也是垂腹，提梁两端有龙首，梁身有象征龙鳞的密点纹。卣盖的上面较平，中央有四棱的钮，左右有云形扉棱。盖面上饰翘尾的蛇，两两相对，其间有水虫、蜥蜴等形象。器腹饰锋尖向外的靴形钺图形，又有翘尾的蛇及蛙形。作为辅助花纹的，也是三角形云纹之类。其与上述几件尊有关，是很明显的。报道估计其年代"下限在春秋中期"。

同年6月，湖南岳阳县筻口镇莲塘村凤形咀山也由墓葬中发现一件卣，高32.2厘米，口径22厘米。其形制与湘潭的类似，盖中央有长方形钮，左右有镂空扉棱，盖面以密点纹界成三角形，内填变形夔纹。器颈有细密的勾连纹，腹饰蛇纹，间以鳄、蛙、龟、蟹、鸟和持戈、刀的人形，极为诡异。从可能同出的器物看，当属春秋晚期。

两年后，1988年9月，又在湖南衡阳县赤石村黄泥岭发现了一座墓葬，出有鼎、瓿、卣、钺各一件。这个地点位于衡山县的西南。报道推定年代为春秋中期或稍晚。衡阳这件卣，比湘潭那件更大，高达50厘米，口径24.4厘米。它的形制、纹饰，和湘潭的大致相仿，只有细微的差别，例如盖上扉棱作连续形。1990年秋，这件大卣运至北京，在故宫文华殿的"中国文物精华展"中陈列，照片收入展览图录《中国文物精华（1990）》图版63。

这里还要提到英国不列颠博物院近年入藏的一件卣，著录于罗森夫人的《中国青铜器：艺术与礼制》图版27[①]。这是迄今所见铜卣中最大的，高62厘米。它的盖已失去，提梁特别是梁两端龙首的样子，很像湘潭、衡阳的两件。腹部靠上为细密的勾连纹，靠下倾垂的部分则饰以大小蛇纹。一条大蛇的旁边，有一只蜥蜴。卣的圈足上，也是成排的小蛇纹。这件大卣颜色黝黑，和上述湖南、广西几件器物通身青翠不同，出土地点恐不在同一区域。蛇纹的头部

---

① Jessica Rawson, *Chinese Bronzes: Art and Ritual*, British Museum Publications Ltd., 1987.

有突出的双"耳",身子也长而盘曲。可惜它的确切来源,已经不能知道了。

要讨论的尊、卣,就是这样几件。它们的年代,从各方面推断,是在春秋晚期前后。

这些南方器物的共同特征,是特异的纹饰,即蛇和青蛙、蜥蜴、水虫等当地常见的动物,这无疑是南方水乡生活的一种表现。《国语·越语下》记载,越王勾践复仇伐吴,吴军战败,吴王夫差派王孙雄(或作雒)向越请和,越大夫范蠡回答说:"王孙子,昔吾先君固周室之不成子也,故滨于东海之陂,鼋鼍鱼鳖之与处,而蛙黾之与同渚。余虽腼然而人面哉,吾犹禽兽也,又安知是浅浅者乎?"这段话虽然是政治辞令,但也讲出了越人习惯水乡环境的实际。在越人的艺术中,突出地显示蛇、蛙一类生物,乃是理所当然的。

中国古代所谓越人,范围相当广泛,不限于东南的越国。这就好像说戎狄一样,是指文化习俗相近的一群部族或方国。在先秦时期,已经有了"百越"一词,见于《吕氏春秋》,注释说:"越有百种。"《汉书·高帝纪》注引东汉服虔的话,也说百越"非一种,若今言百蛮也"。我们所讨论的几件南方的尊、卣,由出土地点看不属越国,而应属于百越中某种部族。

说这些器物的族属是越人,有考古学的根据。上面说过,在湖南衡山、广西壮族自治区恭城的发现中伴出的有靴形钺、撇足鼎。撇足鼎是一种三足向外撇张的鼎,是南方特有的形制。靴形钺更是中国南方直至东南亚流行的特殊的锋刃器,需要仔细介绍一下。

靴形钺绝大多数刃部两尖的长度是不对称的(少数也有对称的例子),因而有学者名之为"不对称形钺"。中国东南部新石器文化有靴形的石钺，可能是这种铜器的祖型。铜质的靴形钺，现在知道的最早实例，见于1989年发现的江西新干大洋洲商代大墓，相当殷墟早期。那座墓据研究很可能是当时越人的。后来的靴形钺，在浙江、湖南、广西壮族自治区、广东、云南均有发现，在东南亚也见于越南和印度尼西亚。详情请参看《考古》1985年第5期发表的汪宁生《试论不对称形铜钺》一文。

湖南衡山的那件靴形钺，非常令人感兴趣。它两面都有花纹，其中有若干人形，可以看到，人的双臂张开，有的还有伸张的手指。一人腰佩长剑，另一人则插有环首刀。湖南的高至喜馆长有《湖南发现的几件越族风格的文物》专文①，指出它属于越人，是正确的。

这些人形有重要的意义。广西壮族自治区学者的研究揭示出，在广西壮族自治区西南部的左江流域的崖画上面，有姿态几乎相同的人形，也佩有长剑或环首刀②。左江一带古为骆越所居，由此可以推论衡山的靴形钺以及与之伴出或有关的器物，确应归于百越。

在充分看到这几件青铜器的地方民族特色之后，我们还必须强调，它们同时又具有十分明显的中原文化影响的痕迹。

腹部倾垂，即最大腹径偏下的尊和卣，本来是中原器物演变的一个阶段，其年代为西周的穆王时期。从商代、周初的尊、卣发展到穆王时的尊、卣，脉络是清楚的。在南方，情形便不是这样，尤其在湖南、广西壮族自治区这里，不能找出完全的发展链环。理由很明白，这种垂腹的尊、卣原本是自中原模仿而来，只是保留到了春秋晚期而已。

---

① 高至喜：《湖南发现的几件越族风格的文物》，《文物》1980年第12期。
② 广西壮族自治区民族研究所编：《广西左江流域崖壁画考察与研究》，第128—135页，广西民族出版社，1987年。

这种尊、卣不是日常应用的普通器皿，上面做出靴形钺的图像即其证据。其实靴形钺也不是一般器物，前引汪宁生先生的论文已经指出：第一，它是战士所持的武器；第二，"在当时社会生活中，它似更多地用于宗教活动之中，常和盾牌一起成为人们表演战舞或举行宗教仪式的一种'道具'"，可称为"仪式斧"；第三，"由于它在宗教活动中起着重要作用，当时人们对它保持一种信仰或神秘感，还有一套神话传说"。在印尼出土的一件钺上，有怪鸟抓着钺飞行的图形，可做例证。这就足以证明，用靴形钺的形状作为纹饰的尊、卣，必然是有神秘性质的礼器。

穆王时期的青铜器形制何以传至越人，并在那里保存传流下来？这可能和穆王的南征有关。《北堂书钞》引古本《竹书纪年》云"周穆王伐大越，起九师，东至九江，驾鼋鼍以为梁也"，是穆王有伐越的传说，所到的九江指江西的赣江及八条支流。此项传说反映了穆王时周朝势力深入越人地区，当然会给当地带来中原文化的较强影响。穆王以后，周朝中衰，中原对南方的文化影响随之减弱，但一部分文化因素仍然存在，在若干礼器上继续表现一个相当长的时期。

这种中原文化因素在边远地区保存的例子，还可找到不少，请续看下节。

参考文献：

李学勤：《吴国地区的尊、卣及其他》，江苏省吴文化研究会编《吴文化研究论文集》，中山大学出版社，1988年。

周世荣：《蚕桑纹尊与武士靴形钺》，《考古》1979年第6期。

广西壮族自治区博物馆：《广西恭城县出土的青铜器》，《考古》1973年第1期。

熊建华：《湘潭县出土周代青铜提梁卣》，《湖南考古辑刊》第4集，1987年。

石见：《四件铜器交国家爱国行为堪称赞》，《中国文物报》1989年3月3日。

岳阳市文物工作队、岳阳县文物管理所：《岳阳县箕口出土春秋人像动物纹青铜卣》，《湖南博物馆文集》，岳麓书社，1991年。

蒙文通：《百越民族考》，《越史丛考》，人民出版社，1983年。

汪宁生：《试论不对称形铜钺》，《考古》1985年第5期。

广西壮族自治区民族研究所编：《广西左江流域崖壁画考察与研究》，广西民族出版社，1987年。

八、蜀国的璋、罍

上节我们谈到越人的尊、卣，指出这种器物是中原文化因素在当地民众间的存留，它不但传流到很晚的时间，而且被赋予某种神秘的属性，用于崇拜活动之中。这个引人注意的现象，实际在其他边远地区也有。下面再举一个类似的例子，就是蜀国的璋和罍。

前面论广汉三星堆遗址时已经说过，蜀国以成都平原为中心，历史甚久，在夏、商、周三朝都列为诸侯。若干年来的考古工作，逐渐揭示了蜀人文化的奥秘，也使我们发现，玉器中的璋、青铜器中的罍，在蜀国的文化中有着独特的位置，值得细心探讨。

先要交代一下，这里说的"璋"，和古书里的璋是不是一回事，还是需要研究的问题。我们关于璋这种玉器的知识，主要来自《周礼》一书，而《周礼》讲的是周代的璋，时代上有明显的限制。周代的璋，一个根本的特点是上端作斜角形。这里所说的"璋"，上端却是歧尖的，只是很多学者相沿把它叫作"璋"或"牙璋"。夏鼐先生在《商代玉器的分类、定名和用途》文中[1]，把这种"璋"

---

① 夏鼐：《商代玉器的分类、定名和用途》，《考古》1983 年第 5 期。

归于刀形端刃器一类。我们不知道周代的璋和这种玉器究竟有无关系，不过为了方便，仍旧称之为"璋"。

歧尖的璋确乎是一种端刃器。它的整个轮廓类似玉戈，有内有阑，可是戈是边刃器，有上下的刃，有锋利的尖，璋则没有边刃，而有分歧的两个尖。因此，它是同玉戈全然不同的一种玉器。它的两尖之间有刃，像凹刃的铲，因而日本学者林巳奈夫教授把这种璋叫作"骨铲形玉器"。

这一种璋早见于一些玉器著录。如果不计算少数零星的例子，它的出土地点，迄今所知只集中在互相距离很远的三个地区。

图 4　玉璋

第一个地区是陕北。1976 年，在陕西东北隅的神木县石峁调查，在一类石棺墓中发现了不少玉器，有刀、斧、钺、璇玑、璜、人首等器形，还有一件璋。这件璋是黑色的所谓墨玉制成的，长 35 厘米，有内有阑。内上有一处圆穿，阑部有细密的牙。援部前端较宽，有分歧的尖和斜的凹刃（图 4）。简报说它"形似浙江河姆渡出土的'耜'"，即骨铲。对于玉器的时代，调查者当时提出两种可能性，一种是新石器时代，一种是商代。

1981 年，西安半坡博物馆对石峁遗址做了试掘，进一步推定石棺墓的时代相当于龙山文化的晚期。同时，1977—1984 年，内蒙古文物考古研究所在神木北面的内蒙古伊金霍洛旗朱开沟发掘，获得与石峁类似的遗存，弄清楚石峁的石棺墓属于他们所提出的朱开沟文化的早期阶段，确相当于龙山晚期。朱开沟文化的分布，是包括内蒙古中南部、陕北和晋中以北的地区。

　　和神木所出相似的墨玉璋，早在海内外有所流传，唯多无出土地点记录。在英国伦敦大学亚非学院所藏玉器资料中，有一组这种璋，共为6件，系古特曼（E. Gutmann）藏品。6件璋都是歧尖的，但阑部的牙饰形状各有不同，有一件还是无阑的。援的基部，有些刻有直线或网格形细纹，颇为美观。据题记，这6件璋是1930年在陕西 Li Yün fu 发现的。按那时陕西并没有发音为 Li Yün 的府，应为榆林 Yü Lin 府之误。神木正属于榆林府，所以这几件墨玉璋应该是在神木或其附近地区发现的。各博物馆、美术馆收藏的这种玉器，大约都源于这一地区。

　　第二个地区是河南偃师。很多学者认为属于夏代的偃师二里头遗址，已经出土了好几件这种玉器。其中1975年发现的一件，最为精美，曾于1980年至1981年在美国举行的"伟大的中国青铜器时代"展览上陈出[1]。此璋玉色灰白，长48.1厘米，内短小，有一圆穿，阑部有美丽的牙饰和直线纹。它完全不适于实用，只是有高度的艺术价值的礼器。

　　偃师二里头的璋，形状和神木的接近，都是狭长的，但在时代上要迟一个阶段。

　　第三个地区则是四川广汉。在前面谈广汉三星堆的一节里，我们讲过1931年燕道诚挖出的一坑玉石器，其中就有若干这样的璋。当时出土的有多少件璋，现在无法知道。郑德坤先生在其《中国考古学论文集》中，有两件璋的照片[2]；《冯汉骥考古学论文集》中，

---

　　[1] Wen Fong edit., *The Great Bronze Age of China*, Pl.2, 1980.

　　[2] Cheng Te-K'un, *Studies in Chinese Archaeology*, Pl.14, d, e, The Chinese University Press, Hong Kong, 1982.

也有3件璋的照片①。5件璋只有1件是狭长的，形制类似偃师二里头上述那件，系"紫灰褐色"软玉，长达56.1厘米，牙饰不如二里头的精细。其余4件，有的也很长，但形状较宽。

三星堆的两处器物坑，出了很多件这种歧尖的璋，更使人们一下子大开眼界。

1号坑的璋，阑部多有美观的牙饰和直线纹，比较接近偃师的（考虑到1号坑年代较早，这一点是很自然的）。有的歧尖之间加饰小鸟，由鸟的方向可以知道这种玉器是尖朝上放置的。还有的璋形制接近玉戈，不过尖仍是分歧的。

2号坑的璋，装饰比较简单，接近玉戈的也消失了。形多狭长，有一件竟长到68.2厘米。有意思的是，在一件青灰色的石质"边璋"（端呈斜角形，更似周代的璋）上，刻有不少图像，有冠履样子不同的人形，有山阜形，山间还有一些器物。在器物中就有成对的歧尖玉璋，尖端朝上地放置着。这种图像无疑有崇拜的性质，人形可能为蜀人先祖，山阜形也许是他们的陵墓，玉璋等则是礼器，其神秘的意义已甚显著。

三星堆的两座器物坑，分别相当于中原商文化的殷墟早期和晚期。郑州二里岗曾出过一件好像璋的玉器，但歧尖不明显；殷墟妇好墓有一件玉器，一端像这种璋，可是另一端已残掉了。看来商代中原地区已没有这种璋，至少是并不流行。

根据现有的线索，这种特殊的璋在新石器时代末期于北方出现，夏代影响到中原。此后在中原业已衰落，或者已演变为其他形制，可是在商代的蜀国，它作为一种礼器依然盛行，且具有神秘的

---

① 冯汉骥：《冯汉骥考古学论文集》，图版一：4—6，文物出版社，1985年。

意义。

商代中原虽然没有这种璋，可是那时金文里有像这种玉器的字，作█，见《三代吉金文存》卷十六第24页。由此可见，当时人是知道这种器物的。

1980年，在广汉南边的新都晒坝发现了一座蜀国大墓，很可能属于蜀王。墓中出有一钮方形铜玺，上面有两个以手相连的人形。人的上方，中间是一件衣服的形状（系巴蜀文字），两边是一对尖朝上放置的玉璋。两人

图5　蜀国铜玺

之间，则是一只罍。这钮铜玺所表现的，和三星堆2号坑石"边璋"的图像颇相类似。人形大约是先祖，璋和罍是赋有神秘性质的礼器。铜玺可能是蜀王生前所用，玺上璋、罍的重要可想而知。图5就是这钮玺的钤本。

罍的图像，也见于1954年四川巴县冬笋坝出土的一件铜带钩①。带钩面上，中间是一只罍，周围是巴蜀文字。

上述铜玺和带钩上的罍，颈部都较长，圈足也较高。用中原的标准来看，乃是西周早期的器物，然而这玺和带钩都是战国时期的，要晚上700来年。

四川有没有这种形制铜罍的实物呢？有的，而且不止一次地

---

① 四川省博物馆编：《四川船棺葬发掘报告》，插图57：1，文物出版社，1960年。

出土过。传闻抗日战争时就在成都一带出土过5件罍，1大4小，但确切的地点不详。据冯汉骥先生说："成都之古玩家至今犹能忆之。"

1959年，在彭县东面的竹瓦街发现一批窖藏青铜器。这个地点距离广汉三星堆遗址只有15公里。器物计有罍5件、尊1件、觯2件、戈8件、戟1件、钺2件、矛1件和锛1件。2件觯呈墨绿色，有铭文，是中原商器的风格；罍和尊则呈灰绿色，与觯不同。罍1大4小，长颈高圈足，分别有饕餮纹、夔纹、卷体夔纹、涡纹等装饰。其中卷体夔纹是周初青铜器的特点，罍的形制也与这个年代相符合。报道估计其制作时代"可能在殷末周初"。

上述青铜器，发现时是在一件陶缸里。出人意料的是，1980年在距离那处窖藏仅25米的地方，又找到一处窖藏，仍有盛贮器物的陶缸。这次出土的有罍4件、戈10件、戟2件、钺3件。罍3大1小，形制还是长颈高圈足，分别有饕餮纹、牛纹、夔纹、卷体夔纹等花纹。其中最大的一件，高达79厘米，盖顶捉手作兽面形，嵌绿松石，盖器纹饰以牛为主，虽是周初作风，但非常特异。腹部显露铸造时用的好多垫片，说明工艺也有特点。从这些地方看，两处窖藏中的罍都不是由中原输入的。

1980年发现的陶缸，上有雷纹，是用戳记印成的。类似的戳记印纹，也见于三星堆遗址，这说明窖藏的年代很早，和青铜器显示的时代性是一致的。

罍在成都一带发现的，还有些例子。比如成都市博物馆陈列的一件大罍，和彭县大罍尺寸相仿，无盖，年代要晚一些。它就是1978年在成都市区出土的。毫无疑问，罍这种青铜器在蜀人心目中有着特殊的意义。

　　本节所谈蜀国的璋和罍，都是中原文化因素在当地传流的证据。璋很可能在夏代传入蜀境，到商代盛行；罍则来自周人，当地作了模仿和发展。在中原地区早已没有这种形制器物以后，它们继续在蜀人的记忆里存在，而且表现于图像。这种有趣的现象，不是同上节所论百越的尊、卣如出一辙吗？

参考文献：

林巳奈夫：《中国古代の石庖丁形玉器と骨铲形玉器》，《东方学报》（京都）第54册，1982年。

戴应新：《陕西神木县石峁龙山文化遗址调查》，《考古》1977年第3期。

内蒙古文物考古研究所：《内蒙古朱开沟遗址》，《考古学报》1988年第3期。

四川省博物馆、新都县文物管理所：《四川新都战国木椁墓》，《文物》1981年第6期。

王家祐：《记四川彭县竹瓦街出土的铜器》，《文物》1961年第11期。

冯汉骥：《四川彭县出土的铜器》，《文物》1980年第12期。

四川省博物馆、彭县文化馆：《四川彭县西周窖藏铜器》，《考古》1981年第6期。

李学勤：《论新都出土的蜀国青铜器》，《巴蜀考古论文集》，文物出版社，1987年。

九、中国铜镜的起源及传播

　　铜镜是中国古代文物的一项非常重要的门类。它的存在时间异常长久，直到清代还有人制造和使用。在久远的演变历程中，铜镜的种类繁复，数量也多，其中不少种具有珍贵的艺术价值，因此研究中国考古学和美术史都不能离开铜镜。海内外有关中国铜镜的论著，仅仅目录已够编成一部专书。

　　虽然有很多学者研究铜镜，然而对于中国铜镜的起源问题，大家至今尚未完全弄清楚。最初为学者所认识的，乃是汉镜，汉以前的镜付诸阙如。后来逐渐知道了战国镜。50年代河南三门峡上村岭的发掘，获得一些春秋早期的镜，曾震惊铜镜的研究者们。其后很长一段时间，大家都以此作为最早的镜，直到近十多年，才又发现更早的例子。1975年、1976年，先后出土了两面齐家文化的铜镜，其年代不会晚于公元前3000年，这使得一些人舌挢而不能下。

　　如果我们把眼光放到世界的范围去看，便可了解镜的起源实际是很古远的。日本樋口隆康教授在他的《古镜》一书中，提到恰塔尔休于（Çatal Hüyük）遗址发现的黑曜石镜，这是已知最古的镜，比齐家文化要早约4000来年的时间。

　　简单介绍一下。恰塔尔休于遗址在土耳其境内的安纳托利亚高原上，面积达32英亩，系近东最大的新石器时代遗址之一。它的年代，根据碳十四的测定，约为公元前6500—前5650年。这里有好多用黑曜石或燧石制作的器物，镜便是以磨光的黑曜石做的。遗址中有10座墓出这种石镜，墓主都是女子，发掘者由各种现象推测她们是神祠的女祭司。

　　铜镜出现的时间，据樋口氏述，在今伊拉克的基什（Kish）遗址，约是公元前2900—前2700年；在伊朗的苏萨（Susa）遗址，约是公元前2300—前2200年；在巴基斯坦的印度河文明遗址，约是公元前2000年。在埃及第十一王朝（约前2000年）的石棺浮雕上，有妇女持镜化妆的形象。齐家文化铜镜的年代，正好与这些例子大略相当。

　　上述这些外国最早的铜镜，都是有柄的。有柄镜后来成为西方古代铜镜的传统，与中国镜的无柄不同。中国铜镜一开始就没有柄，而在背面中央设一个穿绳的钮。这种形制一直延续到汉唐（曾见有一件带柄的"汉镜"，仔细考虑，乃是金代仿制）。

　　齐家文化铜镜的第一面出土品，是1975年在甘肃广河齐家坪的墓葬里找到的。它背面光素无纹，有拱形的半环形钮，镜的直径约为6厘米。第二面发现于青海贵南尕马台的一座墓葬，镜的直径有8.9厘米，背面在两条弦纹间饰三角纹，形成七角星形图案，以斜线衬地[1]。可惜它的钮已经残去，在镜缘上钻了两个穿绳的小孔。

　　贵南镜的发现，使人们认识到现藏中国历史博物馆的另一面镜

---

[1] 李学勤主编：《中国美术全集·工艺美术编4·青铜器（上）》，图版一，文物出版社，1985年。

也应属齐家文化。这面铜镜传为甘肃临夏早年出土，同出的还有一件彩陶罐。它比贵南的镜更大，直径达14.3厘米，有完整的钮。镜背也有两圈弦纹，在弦纹及镜缘之间饰三角纹，形成十三角、十六角两重星形图案，以斜线衬地，风格和贵南一面相同（图6）。这是已知中国最早铜镜中最大也是最精致的一件。

图6　齐家文化铜镜

比齐家文化晚的，商代、西周和春秋早期的铜镜，前后也发现若干。香港学者游学华1982年有《中国早期铜镜资料》一文做了统计①。当然，在该文以后，又有一些新的发现。值得注意的是，殷墟出土的商代铜镜，图案大都也是有弦纹和斜线或直线纹，似乎同齐家文化的镜有其联系。

这些材料表明，中国西北和华北，是铜镜的起源地，在那里形成了中国铜镜的早期传统，然后扩展到国内各地。到后来，这种传统又通过中外文化的交流渠道，传播到国外不少地方。铜镜虽小，却是文化交流的一种重要标志。

中国铜镜的传播，一个最重要的地区是日本。日本很早就有古代铜镜出土，受到学术界的重视。20年代初开始，已有一些日本学者运用现代的研究方法考察和整理古镜。日本发现的铜镜，有自中国输入的，有仿制中国型式的，然后形成了日本自己的铜镜传

---

① 游学华：《中国早期铜镜资料》，《考古与文物》1982年第3期。

统。中日人民在历史上的往来，铜镜是很有力的佐证之一，这已经有不少中日学者的著作讨论过了。

什么时候中国的铜镜开始传入日本，是一个需要探讨的问题。1988年，我应日本"都市研究会"（会长五井直弘教授）的邀请，访问日本许多地点，曾尽可能观察各地出土的中国或仿中国型式的古镜。下面就根据日本学者的报告、著作以及我个人的见闻，对这个问题提一初步的想法。

日本发现中国铜镜的地点很多，不能悉举，其中出西汉（包括王莽时期）铜镜的地点便超过50处，所出在150面以上。这些地点大部分是在日本南部的九州，其余则在本州、四国，最北可到本州中部的长野一带。这些珍贵的文物出土，证明西汉时期中日确有交通，对两国关系史的研究至关重要。

九州出西汉镜的地点，密集于西北部的福冈、佐贺两县，其次是东北部的大分县，此外长崎、鹿儿岛等地也有。这里西汉镜的发现还在不断增多。1988年我访问旅行的时候，在8月26日出版的《朝日俱乐部》上看到题为《探究"邪马台国"的新线索》的报道，讲的是福冈的筑紫野市隈·西小田遗址的瓮棺葬中发现了一面西汉的有铭连弧纹镜。

福冈、佐贺等地出西汉铜镜最多的几处，多是瓮棺墓。例如福冈的前原町三云南小路的两座瓮棺墓，出西汉镜共达53件。同属前原町的镰沟的一座瓮棺墓，也出了18件。福冈春日市须玖一个地点所出，有27件；饭冢市立岩几座瓮棺墓所出，也有10件。

这些地点的西汉镜，年代可能较早的有须玖的草叶纹镜、星云纹镜，三云南小路的星云纹镜。大家了解，根据中国的发掘材料看，草叶纹镜流行于西汉早中期，星云纹镜则流行于西汉中期（武帝至宣帝）。不过从同出的器物看，瓮棺墓还要再晚一些。至于西汉初年流行的铜镜，如类似战国镜的山字纹镜、蟠螭纹镜，在日本尚未曾出现。

这里有一个值得讨论的例子，三云南小路所出有一面镜，直径19.3厘米，已残碎，镜背的花纹是L形的"雷纹"，并有小的圆乳。有学者曾以之与战国时代的羽状地纹镜相比。樋口氏提出，它的花纹同鄂尔多斯出土的规矩镜等相似①。后者的钮都是半球形，属西汉中期以下，这面镜也只能定在西汉中期。

三云南小路是日本发现最早的遗址之一，是在江户时代的文政五年（1822）发现的，在青柳种信的《柳园古器略考》书中有其记录。这一点值得向读者说明。

日本出土的西汉镜，有的非常精美。在此以饭冢立岩所出为例，向读者做一叙述。

1963年，夏鼐先生等中国学者访日，适值立岩有铜镜发现。当时已在第10号瓮棺出土6面，第28号瓮棺出土1面。中日学者在九州大学文学部一起释读镜上的文字，可谓佳话。其后，立岩第34、35、39号等瓮棺中，又出了几面西汉镜。

立岩的铜镜，花纹和文字的铸造都十分精好，尤其是第10号瓮棺的6面，线条鲜明，没有什么锈斑，真好像未经使用一样。看来弥生时代的人们，在得到这些镜后，一定是妥加宝藏珍惜的。铜镜多有很长的铭文，也颇值得注意。

第10号瓮棺的3号镜铭文最长，分为内外两圈，是所谓重圈清白镜：

---

① 樋口隆康：《古镜》，第三章，新潮社，1979年。

外圈：絜清白而事君，怨污骢（欢）之弇明，假玄锡之
　　　流泽，恐疏远而日忘。
　　　慎糜（靡）美之穷嘻，外承骢（欢）之可说（悦），
　　　慕窔姚（窈窕）之灵景（影），愿永思而毋绝。
内圈：内清质以昭明，光辉象夫日月。心忽穆而愿忠，然
　　　瓮塞而不泄。

这一共是3首诗，都是述说相思的，词句很美。这种铭文的镜，年代是西汉晚期，中国各地发现不少，但文字多有省简，像这样一字不缺的并不多。同出的2、5、6号镜均与此镜近似。

同出的1号镜，是连弧纹镜，也属西汉晚期，铭文是：

日有喜，月有富；乐毋事，常得意；
美人会，竽瑟侍。贾市程，万物平；
老复丁，死复生；醉不知，醒旦星（醒）。

这是一些吉语，反映了当时人向往的生活乐趣。末尾的几句意思是，老了的还会恢复青春，死了的仍将重返人世；即使喝到酩酊不省人事，第二天早晨也会酒意全无。类似的日有喜镜，在古镜著录中屡见，可是结句为"醉不知，醒旦醒"的罕有其例。第10号瓮棺的4号镜，铭文相似而镜体更大，直径达18.2厘米。

第10号瓮棺的年代是弥生中期。棺内随葬物有铜矛1件、铁剑1件、铁铍1件和砥石2件。6面铜镜放在两侧，左右各3面，都是镜面朝上，这明显有其仪式的意义。

第28、34、35、39瓮棺，和第10号是同一时期的。第28号的

墓主，从琉璃发饰看是女子，随葬品还有环首小刀，铜镜是重圈昭明镜，文字与1号镜内圈相同。第34号的墓主是成年男性，腹部有一铁戈，铜镜是连弧日光镜，文为"见日之光，天下大明"。第35号墓主也是成年男子，随葬铁戈、铁剑，铜镜是连弧清白镜。第39号墓主性别同，随葬铁剑，铜镜是重圈镜，铭文是"久不相见，长毋相忘"。

饭冢立岩这10面铜镜都是白色的优质青铜，很可能来自同样的铸造地点。它们属于同一时期，在日本又出自一个遗址的同期墓葬，这就表明，当时中国与日本有关地区的交通是通畅的。

虽然这里我们只举例谈了一个地点，但读者不难知道，中国铜镜确对日本有着较多的影响。即使专门研究中国铜镜，也不可忽略在日本发现的大量材料。至于把中日两国铜镜传统做详细的比较，那便需要撰写一本专题著作了。

参考文献：

樋口隆康：《古镜》，新潮社，1979年。

James Mellaart, Çatal Hüyük, *A Neolithic Town in Anatolia*, London, 1967.

石志廉：《齐家文化铜镜》，《中国文物报》1987年7月10日。

孔祥星、刘一曼：《中国古代铜镜》，文物出版社，1984年。

《福冈县饭冢市立岩遗址发见前汉镜とその铭文》，九州大学文学部，1963年。

《饭冢市历史资料馆展示解说》，1982年。

藤田等：《立岩遗址出土の前汉镜》，饭冢市历史资料馆。

十、续论中国铜镜的传播

在上节里，我谈到中国的铜镜传到日本的一些情况。现在让我们掉过头来，看看中国铜镜向北方、西方的传播。自然，由于篇幅有限，仍然只能讲若干例子。镜的年代还是以西汉作为下限，至多下延一些。

苏联境内发现中国制造的铜镜，有非常早的实例，据记录是在17世纪末到18世纪初期。当时有一位荷兰外交家兼学者，名叫威岑（Nicholaas Witsch），他写过一部书，题为《东北鞑靼》（*Noord en Oost Tartaryen*）。这部书初版于1692年，印于阿姆斯特丹，是极为罕见的珍本，现在世界上大约只存在两部。书的第2卷有一段关于铜镜发现的记述，大意如下：

在西伯利亚，离Vergaturia不远的一座山下，新发现了一处木构洞穴，内有一些尸体的遗迹。穴中出有人首鸟身的小型金像，并有金属镜一面。金像身如母鸡或火鸡，翅部伸展，头是男子，有松垂的头发和尖鼻子。

威岑所描写的，显然是一处墓葬。他认为墓中遗物和中国有关。这段记载，在《东北鞑靼》后来的重版本中就没有了。

看镜的摹本，它是一面连弧清白镜，铭文为：

> 絜清白而事君，怨而污之弇明，玄锡之流泽，恐疏远而日忘。美，外承之，景，而毋绝。

请与上节所录完整铭文对照。由于文字省减，读起来不很连贯，这是镜铭常见的现象。

1709年瑞典一位名叫塔勃特（C. J. Tabbert）的军官，在作战中被俄国俘获，流放西伯利亚。1716年起始，他受彼得大帝之聘，在西伯利亚进行考察。1722年，塔勃特回国，著有《欧亚东北部》（*Das Nord-und-Ostliche Theil von Europa und Asia*）一书，1730年印行于斯德哥尔摩。这本书里也著录了一面铜镜，不过著者不知其用途，称之为"金属板"。据载，镜是在西伯利亚 Irbyht 与 Toboll 两河之间墓葬中出土的，类似物品在那里墓葬发现的不止数百件。书内的镜图未绘纹饰（图7），估计乃是重圈昭明镜，铭文是：

图7　重圈昭明镜（据江上波夫）

> 内而清之以昭明，光而象夫日月，心忽而忠，然壅塞而不泄。

也有省减，可参照上节完整铭文。

西伯利亚这两面镜，年代都属于西汉晚期。

三四十年代日本学者梅原

末治、江上波夫等都对苏联境内发现的中国铜镜做过搜集研究。梅原氏在题为《从考古学看汉代文物的西渐》的论文中，引述了好几面汉镜。他首先提到在莫斯科的国立历史博物馆收藏的西伯利亚叶尼塞州出土的一面连弧日光镜，铭系"见日之光乎君令长毋相忘"11字，云有汉盛时特征（这面镜的年代是西汉中晚期）。

其次，他提到列宁格勒埃米塔什博物馆的一面羽状地纹镜，是1892年同一块唐代海兽葡萄镜残片一起入藏的。这是战国镜，出土于西伯利亚南部托木斯克，直径7.9厘米，弦钮，圆钮座外有四小花瓣，颇为精致。

托木斯克博物馆所藏的连弧日光镜，与上述莫斯科的一件相同，直径"二寸六分"，已碎成三片，云系米努辛斯克出土。

梅原氏讲了米努辛斯克博物馆的若干藏品。其中有的他认为是后世仿制，不是真的汉镜。有关材料，下面我们还会提到。

外高加索的符拉第卡夫卡斯博物馆藏有一面当地发现的连弧铅华镜，直径"六寸六分"。这面镜为半球钮，圆钮座，铭文是：

> 湅（鍊）治铅华清而明，以之为镜宜文章，延年益寿去不羊（祥）。与天毋亟（极），宜日月之光。千秋万岁，长乐未央。青□。

年代也是西汉晚期。据称系1923年在名叫Temir-Kham-Sura的地点发掘时得到的。

樋口隆康的《古镜》收录有乌兹别克斯坦的两面西汉晚期镜。一面出土在塔什干附近，是连弧昭明镜，文字为：

内清质以昭明，光象夫日月。心忽穆而忠之，而不泄。

也是减字的例子。另一面则是残破的连弧日有喜镜，兹不详述。

1947年至1949年，苏联考古学家鲁金科在西伯利亚南部丘雷什曼河流域的巴泽雷克（Pazyryk）发掘了5座早期铁器时代的大墓，是阿尔泰地区考古的一大成果。在墓地的第6号墓出土了一面残存约一半的铜镜。他在《论中国与阿尔泰部落的古代关系》文中发表了这面镜，并以阿尔泰山西麓墓葬出土的另一面完整的铜镜与之比较。他写道："这两面镜子的直径，均为11.5厘米。质地薄脆，镜面极为光滑。边缘为素卷边。在镜背稍凸起的方形纽座中心，置一小弦纽。地纹为美丽的、单一的所谓'羽状'纹。羽状纹地上，沿边缘置以四个'山'字形雕饰。在山字纹之间，有成对的心状形叶。"

这是两面战国时代的四山镜，由于有明确的发掘记录，更有科学价值。应该提及的是，巴泽雷克墓地中还出土有战国风格的若干丝织品，包括刺绣。这处墓地的族属，有人认为是中国古籍中的月氏，波斯文献所记塞种的东北支，此种说法恐待研究。

战国时代的四山镜，在米努辛斯克博物馆收藏的还有两块残片，形制花纹与上述相同。残片上的钮已经残失，山字也只能看到两个的半边。据梅原末治叙述，该镜出自米努辛斯克附近的白洛雅尔斯克（Beloyarsk），原径不到"三寸"。

据埃米塔什博物馆的学者鲁博–列斯尼钦科介绍，在东哈萨克斯坦也发现有四山镜，见于他所著《米努辛斯克盆地的外来镜》一书。这本书内容丰富，论述了苏联出土的不少战国到汉代的铜镜，很有价值，在此不能一一叙说。其中战国镜，除上引外，还有贝耶出土的素地连弧纹镜残片。

苏联以外，阿富汗境内也有中国铜镜出土。最近发表的一项消息，就是很引人注目的。苏联和阿富汗联合考古队曾在阿富汗北部的席巴尔甘（Seberghan）发掘多年。1978年秋季，考古队在该地区的 Tillya Tepe 遗址开掘了8座古墓，所获文物超过2万件，包括不少黄金制品。这些墓据考属于中国文献记述的贵霜。

这些墓葬保存情况都比较好，其中2号墓更为重要，墓主是一名贵霜妇女，约40岁，卧在无盖的木棺内。她穿有4层或5层衣服，覆盖着用金圆片装饰的葬衾。两臂上有臂圈，指上有带玺印的指环，上面有希腊女神雅典娜像以及希腊文"雅典娜"名字，在她的下颌处置有很宽的金托，而在胸上放着一面中国的铜镜。

贵霜贵妇的这面铜镜，是一件西汉晚期的连弧纹镜。其直径为17厘米，半球钮，钮座上有十二珠形装饰。它有34字的铭文，可以与《宁寿鉴古》所收一面对照，互相校补，释读为：

心污（阏）结而抱（悒）愁，明知非而［不］可久，［更］□所［驩（欢）］不能已，君忘忘而失志兮。爱使心央（快）者，其不可尽行。

墓主下葬时把它放在胸上，一方面表示她生前对它的珍爱，另一方面也可能有葬仪上的神秘意义。

以上谈到的种种材料说明，中国铜镜很早就传入西伯利亚、中亚等地，从出有战国镜看，其传布的时代，显然要比传入日本为早。奇怪的是，在战国镜和西汉中晚期镜之间，似乎存在缺环，在各地都没有看到汉初的铜镜。这或许是意味着战国结束后，中国向北方、西方的交通曾一度削弱或阻断，到张骞通西域后才再度畅通。

中国的铜镜艺术对很多地方的自制镜有深远的影响。

英国剑桥大学教授明斯（E. H. Minns）在其名作《斯基泰人与希腊人》（*Scythians and Greeks*）中论及西伯利亚和南俄的圆形铜镜，他特别讲道："圆形铜镜的分布不限于这些地区，还存在于高加索，巴尔干的一部分，直到以匈牙利、奥地利为中心，包括部分德国的地区，另外由波斯到巴勒斯坦也有分布的迹象，使人极感兴趣。"这些圆形铜镜有中国铸造的，有仿制中国型式的，也有当地型式的。

关于仿制镜，梅原末治认为其年代早的相当于中国的汉代，晚的可到七八世纪，甚至十一二世纪。他的《从考古学看汉代文物的西渐》曾列举类似汉镜的若干例子，都是在苏联发现的。其中有一面，直径"二寸四分五厘"，是1899年在Kotova出土的，有方钮座，座的四面有枝状纹，镜缘有直线纹。另一面出土地不详，直径"二寸三分"，钮座四面有T形纹，镜缘有直线纹、锯齿纹。这些铜镜无疑是中国自西汉末起流行的规矩镜的仿制品，花纹虽然粗简，可谓典型犹在。

江上波夫的《欧亚古代北方文化》也列出不少汉镜的仿制品，发现地自西伯利亚一直到匈牙利都有。这些铜镜的共同特点是：圆形，中央有小钮，外有简单的方、圆钮座，或代表钮座的圆圈，座外有辐射的直线，镜缘有直线纹。这些都可以认为是由规矩镜蜕变影响而来，不过在相当程度上简单化了。

本书《规矩镜》一节曾叙述规矩纹有着宇宙论的象征意义。这种思想纯乎是中国的，对汉代的中国人来说，是非常熟悉的，可谓常识的一部分。但这种宇宙论的观点未必与铜镜一起传播出去，为境外其他人民所接受。在他们的眼中，规矩镜只是中国铜镜上最盛行的一种美观纹饰，因此当仿制这种铜镜时，也模拟了这种花纹。

丝绸之路，长期以来是海内外学者热心探讨的课题。联合国教科文组织曾支持一批中外学者，对丝绸之路进行深入的考古调查。中国古代铜镜，正曾沿着这条丝绸之路向西方传播，相信不久还会有更多的有关发现。

参考文献：

梅原末治：《古代北方系文物の研究》，星野书店，1938年。

江上波夫：《ユウラシア古代北方文化》，全国书房，1948年。

李学勤：《论西伯利亚出土的两面汉镜》，《纪念顾颉刚学术论文集》上册，巴蜀书社，1990年。

鲁金科：《论中国与阿尔泰部落的古代关系》，《考古学报》1957年第2期。

叶·伊·鲁博－列斯尼钦科：《米努辛斯克盆地的外来镜》（俄文）（此书蒙日本菅谷文则先生见示）。

Viktor Lvanovich Sarianidi, "The Golden Hoard of Bactria", *National Geographic*, Vol. 177, No. 3, 1990.

李学勤：《阿富汗席巴尔甘出土的一面汉镜》，《文博》1992年第5期。

十一、中国和中亚的马车

　　利用家畜作为动力的车，在古代是一项非常重大的发明。尤其是马驾的车，轻捷疾速，对古人的生活影响很大。中国很早就有了马车，文献中有许多记载。成书于战国晚期的《世本》曾提到"奚仲作车""相土作乘马"。奚仲是夏朝的车正，后来薛国的先祖；相土则是商王的先祖，也是夏代的人。按照这种传说，相当于公元前21世纪至前17世纪的夏代，已经使用马车，而且在朝廷中设有专门管车的职官，叫作车正。应当注意到，《世本》说某人"作"某物不一定是指首创，有时只是"加其精巧"，所以中国古代的车，其起源或许比奚仲还要早。

　　夏代的马车，目前没有考古证据，但商代确实是有马车的。殷墟出土的甲骨文里面，就有不少有关马车的记事。比如现在陈列在北京的中国历史博物馆的一版字数最多的大卜骨，记有商王武丁狩猎的事迹。卜辞说，在甲午这一天，武丁去"逐兕"，即追猎野牛，他的一个臣下，名字叫由的，所乘的车马跑斜了，撞到商王的车上，一个叫子央的人（可能是给商王赶车的）也从车上跌落下来。这说明，商王和他的臣属出去打猎，是乘马车的。此外，甲骨文提到狩猎用马车的例子还有若干，大多是武丁时代，也就是殷墟早期的。

商周君主的狩猎，每每带有军事演习的性质，因此从狩猎用车不难推知当时的战争也用车。殷墟晚期的甲骨文有一条肋骨刻辞，记载小臣墙随王征伐获胜，俘得好几名敌人领袖，还有很多人众和武器，其中就至少有两辆车。由于刻辞已不完全，这次战役中俘虏的车未必止于此数，更不用说双方作战时动员的车数了。

通过殷墟的发掘工作，我们看到了商代马车的实物。20世纪30年代的发掘，"曾在后冈大墓和侯家庄西北冈大墓的南墓道中，发现了一些车马器，这当是殉葬车马的残迹，因受当时发掘条件所限，未能将车子残迹清理出来"。1935年，在西北冈东区祭祀坑群南部发现有两座车马坑，但只存一些铜饰件。第二年，在小屯东北又发现5座车马坑，其中M20保存较好，有1车、4马、3人，并有成套武器及玉策（马鞭）柄等器物出土。这对研究商代用于军事的车，是一个重要贡献。50年代以来，在殷墟一些地点又先后找到车马坑，也有在墓道内的，发掘者克服了种种困难，终于把车子完整地剥离出来，弄清楚其复杂构造。杨宝成的《殷代车子的发现与复原》详细叙述了上面谈的这些情况，据他统计："自殷墟发掘以来共发现车马坑十六座，内出土殷代车子十八辆。其中小屯宫殿区五座，大司空村二座，殷墟西区七座，每座坑各埋一辆车；西北冈王陵区东区的二座坑内各埋两辆车。"

根据这些实物的发现，中外好多学者做过复原商代车子的尝试。图8是1981年发掘的殷墟西区M1613车的复原图。近年揭幕的殷墟博物苑，还按照复原的成果制造了原大的车子，可套上马供参观者乘坐。

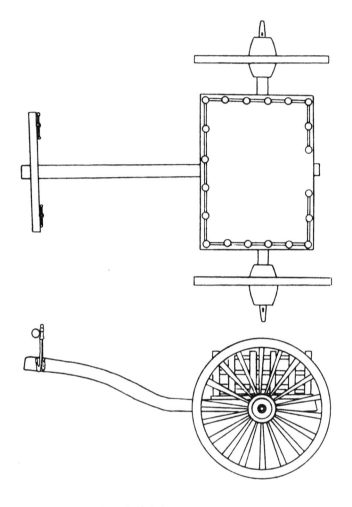

图8　殷墟车复原图（据杨宝成）

　　读者从复原图可以看到，商代的车特点是单辕。辕前端有横木叫作衡，衡两侧有驾马用的轭。辕后部在车舆下。轴位于舆下中部，双轮有较密的辐。这种车驾两匹马，乘者可多至3人，执缰控制马的行止。古代车马饰件有许多专门名称，这里不能一一介绍。

　　商代的马车长时期来只在殷墟发现，使人怀疑这种工具的普遍性。1986年，在陕西西安以东27公里的老牛坡商代墓地发现了一座车马坑M27，有1车、2马。据报告，车的形制和殷墟的基本相似，轮辐为16根。车上的一些青铜部件，制作也很精细。这是殷墟以外商代马车的第一次确切的发现，其年代可能相当于殷墟早期。过去在海内外收藏品中曾见到不少商代的青铜车饰件，有的十分精美，在发掘品里罕有其例，现在看来恐怕不一定都出自殷墟。

有意思的是，商代甲骨文、金文的"车"字完全是象形的，有的表现出单辕车的整个结构，不难辨认出车上的辕、衡、轭、舆和两轮；有的则加以简化，逐渐接近后世"车"字的写法。还有一字，不但表现出车的整体，在舆上还有二人，可释为"辇"字。

1988年，我在澳大利亚国立大学远东史系访问，一位朋友给我看一本俄文书："您看，中亚的石刻里有和甲骨文一样的车字。"果然，书的插图有不少"车"，确实和甲骨文、金文的"车"字非常相像。

他给我看的，属于中亚的崖画。

崖画，或称岩画，在世界很多地方都有。有"车"的形象的崖画，美国芝加哥大学夏含夷（Edward L. Shaughnessy）教授做过综述，其分布范围西到高加索，东到帕米尔高原、蒙古，也包括中国的内蒙古一带。

70年代，内蒙古的考古学者在阴山山脉调查，发现了一些古代游牧民族的遗址和墓葬，也拓摹了成千幅的崖画，其成果详见盖山林《阴山岩画》一书。他在研究论文里，曾特别举出磴口县的崖画，说："车辆图出现的地方，往往是在交通要道，往来方便之处。如磴口县的阿贵沟里，多处发现车辆图像。沟口附近就有秦汉时期的石筑烽火台，可见古时候，此沟是进出山区、翻越阴山的必经要道。"在磴口西北距托林沟约2公里处，一块大石上刻有一辆车，单辕，双轮，有舆，轴在舆的中部，和甲骨文、金文的"车"字近似，只是辕侧有两马。车的右前方有一人引弓射箭，指向一只好像狼的动物，旁边还有长角的野羊。

这些崖画说明，从中亚到内蒙古，都流行过单辕的马车，其在画面中的表现形式，和甲骨文、金文象形的"车"字是很相像的。崖画的年代不容易确定，有的可能相当晚。

1963年，内蒙古宁城县南山根M102石椁墓出土了一件刻纹骨板，上面的图形是前后两辆单辕车，各驾两马，车间有两条狗，前面有一个手持弓箭的人和两头鹿。显然，这和上述磴口县的崖画一样，是一幅狩猎图。M102墓的年代可由所出青铜器推定，约为西周、东周之际，即公元前8世纪前半叶。

其他地方的车的崖画，如苏联亚美尼亚的苏尼克（Syunik）的这种画，有学者推测为公元前2000年末叶，即相当于商末周初的遗址，但对车的起源做过许多研究的皮格特（Stuart Piggott）只认为早于公元前9世纪建立的乌拉尔图。按照后一说法，其下限和南山根的刻纹骨板就相距不远了。

实际上，中亚地区的马车年代甚早，这已由田野考古工作证明了。夏鼐夷对有关发现做了概要的介绍："中亚之存在马车的最早证据是一九七二年在契里阿宾斯克（Chelyabinsk，引者按：或译车里雅宾斯克）地区的里姆尼克斯基（Rimnikski）村被发现的，该处位于新塔什塔河（Sintashta）滨，紧靠乌拉尔山（Ural）之东麓。遗址是一木结构墓类型之墓地，出土了大量的安德罗诺沃（Andronovo）文化之陶器及简单的青铜（或铜）制的镇墓神，根据这些器物，发掘者认为墓地属于塞依马（Seima）类型早期或稍早，也就是说约为公元前1500年或更早一些。在所发现的墓葬中，有五处葬有马车，虽然车已完全腐朽，但是尚可据泥土中留下的痕迹进行部分的复原。"

安德罗诺沃文化是苏联境内的一种青铜时代文化，分布在南乌拉尔到叶尼塞河之间，向南直到中亚，年代约在公元前2000年至前1000年初。里姆尼克斯基出马车的墓地，从年代看属于这种文化的中期。

夏含夷教授还介绍："有关古代中亚的马车，最详细完整的证据发现于一处稍晚，也较为偏西的遗址中。该处遗址包括几座被水淹没的古墓，位于苏联亚美尼亚赛万湖（Armenia，引者按：或译赛凡湖）南岸的喀申（Lchashen），正好在从里海到黑海的中间地点。从这些古墓中，出土了两辆保存极为完好之马车，用放射性碳判定其年代为公元前1250±100年，校正为公元前1500年左右。从型态上来看，两辆车完全一样。车箱都是长方形的（1.1米阔，0.51米长），装在2米长中置的车轴上，固定之轴的两端各装有车轮，车轮之直径在1米左右（一号车轮径为0.98米，二号车轮径为1.02米），轮辋由两块木料鞣制而成。转动自如的车轮装在管状的轴套之间，轴套又由木制的车辖锁住。每轮有二十八根内结于车毂，外接在轮辋的车辐。……车辕垂直地架附在车轴之上，向后一直延伸到车箱的尾部，向前的延伸原有3.5米，不过发掘之时早已腐朽得不见任何痕迹。"由同一遗址出土的几具铜车模型看，车辕都是向上翘起的。

这里详引关于喀申马车的描述，是因为熟悉中国古代车制的读者很容易从这段描述看出其和中国车的相似。皮格特《高加索与中国的马车》一文有喀申车复原图①，同殷墟车对比一下，是很有意思的。

曾经有很多外国学者主张中国古代的马车是自西亚地区传来的。就现有发现而言，西亚的马车确比中国的要早，可是中国的马车有其本身的若干特点，却不见于西亚马车，同时也没有找到由西亚传至中国的中间链环。中国学者，从中国古代马车的特点出发，多倾向中国车有自己独立的起源。在这一问题上，中国历史博物馆的孙机先生做了深入的探讨。1985年，他在意大利威尼斯举行的"中国古代文明"学术讨论会上提出题为《纪元前的中国古马车》的论文，文中说："按绝对年代讲，车在中国的出现较西亚为晚，但由于已出土之时代最早的晚商古车，已具有一定的成熟性，所以此前还应有一个从雏形成长起来的过程。先秦古文献如《墨子》《荀子》《山海经》《吕氏春秋》等，都说车是在夏代发明的。……这种情形使人有理由设想，中国的车是一项独立的发明。而这一设想，可以自中国古马车的构造和系驾方法等方面的特殊性来加以验证。"他特别强调中国马车传统的系驾方法，即马通过系在两轭内侧的靷绳曳车，称之为"轭靷式系驾法"。

从中亚到中国内蒙古所见崖画上的马车，显然在构造和系驾方法上都和殷墟等地的车一致。喀申的车，看不到相当衡、轭的部分，不过从单辕的构造看，很可能也是用同样方法系驾的。因此，殷墟、老牛坡的车，和喀申的车应当有一定的关系。

前面已经说过，殷墟甲骨文的记载里面已经有马车，而且好多是武丁时期的，其年代可估计为公元前1200年左右，比喀申的马车约晚300年。夏含夷即认为"这两种马车必定是从一个雏形发展

① 皮格特：《高加索与中国的马车》，《古物》（*Antiquity*）第48期。

出来的"。他正确地指出，两种马车都有与西亚的车不同的构造，"这两种马车最显著的特点是其轮辐数目较多，喀申马车的轮辐多达28根，安阳的也有18至26根。而古代近东的车轮仅有4或6根轮辐，数目与前两者完全不同。这两种马车的第二个相同特点是其车轴的位置。古代近东的马车，其轴皆装在车箱底部靠近车尾的部位，而这两种车的轴则装在车箱底部的中间。不仅以上两个极其显著的特点将中亚及中国的马车与古代近东的马车区分开来，更多的相同之点说明这两种马车只能是一对孪（生）兄弟"。

喀申等地的中亚马车是否是西亚马车和中国马车之间的链环？是一个非常值得探讨的问题，夏含夷教授的论文对此是肯定的。

喀申的马车和殷墟、老牛坡的马车，都是已经相当发达成熟的，如孙机先生所说，在它们以前必然有一个较长的发展过程。它们可能有影响的关系，但更可能是由同一雏形发展而来，彼此间的关系犹如兄弟。我们看它们和西亚的车有很基本的差别，可以推想它们未必是由西亚传来，它们的共同雏形大概要从其他地方寻找，这便有待于今后新的考古发现了。

附带谈一下，中国古代除了马车以外，还有牛车，起源也很早。《竹书纪年》《世本》等许多书都载有王亥与服牛的故事。王亥和上文提到的相土一样，也是商王的先祖，是夏代的人，其名见于甲骨文。王国维《殷卜辞中所见先公先王考》考证："《山海经》《天问》《吕览》《世本》皆以王亥为始作服牛之人，盖夏初奚仲作车，或尚以人挽之，至相土作乘马，王亥作服牛，而车之用益广。"他又引《管子·轻重戊》的话说："殷人之王，立帛（皂）牢，服牛马，以为民利，而天下化之。"所以夏商是应该有牛车的。

1981年，陕西扶风县下务子出土了一件师同鼎，铭文中说师同从征，与戎人交战，所俘有"车马五乘，大车廿"，就是5辆马车、20辆牛车。这证明西周时期实有牛车。这种牛车的构造一定和马车不同，以致铭文两个"车"字写法也不一样，"车马"的"车"像单辕车形，"大车"的"车"只表现轮子。牛车的主要用途是载重，所以不会像马车那样作为王公贵族的随葬品，这是这种车难于在考古发掘中出现的原因。

在有的地方的崖画中，还看到与本文所述单辕双轮马车结构不同的马车。例如奥克拉德尼克夫曾发表一幅蒙古崖画①，画上有一辆四马四轮车，一人立其上持弓，下面有人和仆倒的兽类。这种车用于狩猎，和载重的"大车"有所区别。

参考文献：

杨宝成：《殷代车子的发现与复原》，《考古》1984年第6期。

西北大学历史系考古专业：《西安老牛坡商代墓地的发掘》，《文物》1988年第6期。

夏含夷（Edward L. Shaughnessy）：《中国马车的起源及其历史意义》，《汉学研究》第7卷第1期，1989年。

Aleksej Pawlowitsch Okladnikow. *Der Hirsch mit dem Goldenen Geweih*: *Vorgeschichtliche Felsbilder Sibiriens*, F. A. Brockhaus Wiesbaden, 1972.

陈兆复、邢琏：《外国岩画发现史》，上海人民出版社，1993年。

---

① Aleksej Pawlowitsch Okladnikow. *Der Hirsch mit dem Goldenen Geweih: Vorgeschichtliche Felsbilder Sibiriens*, fig.38, 1972.

十二、虎噬鹿器座与有翼神兽

　　1974年以来，河北省的考古学者在离石家庄不远的平山县三汲进行调查和发掘，有非常重要的成果。他们发现一座古城，经研究知道是战国中叶中山国的都城灵寿。在古城内外发掘了两座大墓和一些陪葬墓。大墓是中山王的陵墓，出土了大量精美绝伦的文物，不少是前所未见的，在河北以及北京展览，吸引了许多爱好文物和艺术的观众。1981年，还专门在日本举办过"中山王国文物展"。

　　谈到战国时代的中山国，很多人可能不大熟悉。大家都常说战国七雄——齐、楚、燕、韩、赵、魏、秦，可是当时存在的诸侯国并不止7个。中山在战国时一度相当强盛，曾与燕、韩、赵、魏相约，同时称王。《战国策》书里还专门有《中山策》部分，记述中山的史事，可见这个诸侯国是比较重要的。

　　根据古书的记载，中山是北方少数民族白狄建立的国家。白狄在春秋前期还居住在今陕西北部，后来一部向东迁徙，在太行山东面的今河北中部组成3个小国，即鲜虞、肥、鼓。春秋晚期晋国势力向这方面扩展，把肥、鼓两国灭掉了，只剩下鲜虞，也就是中山国。中山一直存在到战国晚期，公元前296年，才被赵国吞并。已经发掘的两座中山王墓，从墓中发现的一些铭文考察，一座的年代可推定为公元前309年或公元前308年，另一座较早一点，大概在公元前320年左右。

中山是那时唯一能强大到称王的戎狄国家，因此在平山的发现公布后，大家都注意去探讨其文化面貌，希望从中找到戎狄民族的特色。事实上，就在河北北、中部，包括平山附近一带，曾经发现过若干带有北方民族色彩的遗存。例如平山访驾庄，就在灵寿古城以内，即出土过这样的青铜器。所以，中山大墓中理应存在戎狄文化的某种标记。然而经过不少学者研究讨论，在这一点上进展并不多。更多地揭示出来的，却是中山的高度华夏化，即与中原文化的共同性。我在1979年第1期的《文物》上有《平山墓葬群与中山国的文化》小文，专门谈到这个问题。我的意见，主要是这么两点：

第一，平山的中山王墓，结构接近河南辉县固围村的魏国大墓。不仅墓室结构、墓上建筑相似，墓地的布局也差不多。墓中出土的器物，例如错金银青铜器、暗纹黑陶器等，也是共同的。

第二，中山王墓出土青铜器铭文的字体，也类似魏国的。铭文所体现的思想，可称儒家正宗，而且引用了《诗经》等典籍。当时中山崇尚儒家，举士朝贤，恰好同赵国胡服骑射相反。中山国的华夏化，是这个时代民族文化交流融合趋势的明显表现。

由于发掘提供了中山华夏化的大量证据，有的学者便对中山到底是不是白狄国家产生怀疑。其实出土品中戎狄民族的特色是有的，只是没有受到足够重视罢了。

首先注意到有关材料的，是专门研究北方考古的学者乌恩先生。他在1981年刊出的《我国北方古代动物纹饰》论文里，把平山中山王墓的一件"塑造出凶猛的老虎吞食小鹿的图形"的错金银器收录进去，与其他北方草原地区动物的纹饰相比，是很有见地的。

他提到的东西，是一件有很高艺术价值的青铜器座，彩色照片见《中国美术全集·工艺美术编5·青铜器（下）》图版一〇五、一〇六。器座长51厘米，作一只猛虎攫噬幼鹿的形状，鹿的一肢被虎抓住，虎口咬在鹿背上，全为动态。在虎背上有两处柱形插口，上面有倒置的兽面纹。

另外，可以作为这方面证据的，还有两件错银的有翼神兽，照片见同书图版一〇八。两件形状对称，一件头扭向左，另一件头偏向右。它们是有特殊意义的陈设，没有其他用途。兽长40.5厘米，头和身子都像老虎一类，而有一对伸张的翅膀，无疑是神话中的动物形象。

在这里，我首先得指出，不管是虎噬鹿器座还是有翼神兽，都是带有中原文化的因素的。错金银的工艺，本身就是在中原青铜器传统中产生的。两器上的花纹，特别是器座插口上饰兽面，更是传统作风。不过，虎噬鹿的动态以及有翼神兽这种形象，却非中原艺术原有者。

猛虎噬鹿这一类动物图像，在中国北方民族以及欧亚草原地区的其他民族间，曾广泛地流行过。如乌恩在上引论文指出的："各种题材的动物纹是古代北方草原民族生活实践的结晶，是他们在长期的生产斗争中创造的一种实用艺术。动物纹所表现的家畜如马、牛、羊、犬，正是他们长期饲养的动物。各种野兽的奔逐、野兽及家畜的厮斗，猛兽捕捉食草动物，正是草原民族日常目击的情景。"同时，"动物纹饰的艺术造型主要是反映当时人们的某种观念、情感和信仰。动物纹多刻画猛兽及动物搏斗和厮咬图形，这表现了游牧民族勇猛强悍的性格及对英武善狩的崇拜"。动物纹，包括猛兽攫噬食草动物这种母题，来自草原地区民众的生活，不能说一定是自某一民族产生，然后普遍传播的。

很多外国学者研究过现在我们谈的动物母题。例如苏联学者鲁登科（Sergei I. Rudenko）在他的《西伯利亚冻墓》（M. W. Thompson 英译本）书中，便以较长的篇幅讨论了有关材料。他认为："动物厮斗，或者更准确地说，是食肉动物攫噬食草动物的母题，自公元前第三千纪即在近东显现，到公元前第一千纪盛行于近东与小亚，尤其是在斯基泰和阿尔泰部族间。"这种现象，就可以用草原地区生活的共同性来解释。

博罗夫加的《斯基泰艺术》（Gregory Borovka, *Scythian Art*）一书，搜集了很多这种食肉动物攫噬食草动物形象的文物。其中有些是名贵艺术品，如彼得大帝旧藏的黄金饰牌，图像为虎噬马的一件，购自外高加索；有翼神兽噬马的两件，则得于西伯利亚。书中有一件用途不明的圆木牌，图像是虎噬鹿，更与中山墓的器座相近。总之，在外国学者所称斯基泰–西伯利亚式的文物上，这种母题是频繁出现的。

在中国境内的北方民族文物中，这样的母题也甚多见，特别是在一种透雕的青铜饰牌上。乌恩在《中国北方青铜透雕带饰》文中曾专列出"动物相斗或猛兽袭击食草动物纹带饰"，举有很多例证。其中两件"虎口衔鹿纹带饰"，"虎作立状，满身铸波纹，虎口衔一鹿，鹿屈足垂于虎口之下"，也近于中山的那件器座。这一类饰牌，还出于蒙古到西伯利亚南部。

关于这一类北方民族文物的渊源和发展，过去虽有不少学者做过探索，但他们的依据很少是发掘材料，没有足够的年代标准，结论难免受到局限。近年中国学者做了较多工作，以中国境内的考古成果为主要依据，指出内蒙古鄂尔多斯及其附近地区这一类遗存的年代最早，可能是周围类似文化的发源地。这是一项非常重要的收获，表明动物纹在中国北方民族有悠远的传统，战国时期的戎狄自应有这种文化特色。

因此，中山王墓的虎噬鹿器座表明，中山尽管已经华夏化，仍然保存着白狄特有的文化因素。

上面已讲到彼得大帝所藏黄金饰牌上有翼神兽的图像。类似的神兽，极易在论斯基泰–西伯利亚式艺术的图录中找到。兽的特点是狮身鹰翼，有的头也是鹰的，称为"格里芬"（griffin 或 griffon，gryphon），另一些则为兽头。中山王墓的有翼神兽，和斯基泰的有些花纹（图9）相似。

乌恩的《论我国北方古代动物纹饰的渊源》引述了公元前7世纪至前2世纪黑海沿岸的斯基泰人和阿尔泰的巴泽雷克的有翼神兽花纹。他特别指出，巴泽雷克出土有中国的刺绣丝织品和山字镜，说明与中国有交往关系，而内蒙古准格尔旗西沟畔出土的金饰牌上的狮身鹰头兽（即"格里芬"）等"具有阿尔泰艺术的特点。根据目前掌握的资料，战国以前，在我国北方古代动物纹饰中尚未发现这种艺术风格，而这种虚幻动物形象……却是斯基泰和阿尔泰艺术的传统作风。显然，这种艺术母题和风格在战国晚期被我国北方的游牧民族所借鉴"。中山国

图9 斯基泰神兽

的有翼神兽可能也是如此。

平山中山王墓已经属于中山快要灭亡的时代，白狄的中山国人久已定居，不再是游牧的草原民族了。在他们的文化里仅存的这些戎狄的因素，说明了仍与其他北方民族保持着某种程度的联系，我们研究中山的文化和历史，不可不注意这一点。

参考文献：

河北省文物管理处：《河北省平山县战国时期中山国墓葬发掘简报》，《文物》1979 年第 1 期。

乌恩：《我国北方古代动物纹饰》，《考古学报》1981 年第 1 期。

乌恩：《中国北方青铜透雕带饰》，《考古学报》1983 年第 1 期。

乌恩：《论我国北方古代动物纹饰的渊源》，《考古与文物》1984 年第 4 期。

田广金、郭素新：《鄂尔多斯式青铜器》，文物出版社，1986 年。

田广金、郭素新：《鄂尔多斯式青铜器的渊源》，《考古学报》1988 年第 3 期。

Sergei I. Rudenko, *Frozen Tombs of Siberia*, University of California Press, 1970.

Tamara T. Rice, *The Scythians*, London, 1957.

Ellis H. Minns, *The Art of the Northern Nomads*, London, 1942.

十三、新西兰玉器的启示

夏鼐先生在他最后的几年里连续写了几篇关于中国古代玉器的论文。开始的一篇，刊于1982年出版的《殷墟玉器》，题目是《有关安阳殷墟玉器的几个问题》。随后的是《汉代的玉器——汉代玉器中传统的延续和变化》，发表在《考古学报》1983年第2期。同年第5期的《考古》上，有他的《商代玉器的分类、定名和用途》。1984年第4期的《考古学报》，又刊出他的《所谓玉璇玑不会是天文仪器》。这一系列作品，是用现代考古学方法研究中国古玉的新发展，有相当大的影响。

《汉代的玉器》一文开首，夏鼐先生写道："中国的玉器制造是有它的长久的传统的。全世界有三个地方以玉器工艺闻名，即中国、中美洲（主要是墨西哥）和新西兰，其中以中国的最为源远流长。今天在一般人的心目中，玉器和中国的关系是这样的密切，以致曾有人在英国拿一件新西兰的玉坠给英国人类学家C. G.塞利格曼（Seligman）看。塞教授说：'如果你不是刚从中国来的中国人，我一定会以为这是新西兰玉器。'"

从这个故事看，新西兰的玉器应该和中国玉器有很大的相似性。可是，新西兰玉器究竟是怎样的，有哪些工艺上的特点，中国学者恐怕没有多少人知道。夏鼐先生文中所说的新西兰玉器，是指新西兰的土著毛利人（Maori）的玉器。这种玉器有古老的传统，相当精致美丽。有关毛利人玉器的著作，可以向大家介绍舒恩（Theo Schoon）的一本很有价值的书。

舒恩是一位美术家，1915年生于爪哇，早年就受到当地土著工艺美术的影响。他后来前往欧洲，在荷兰的鹿特丹学习绘画等美术，最后定居于新西兰，在30多年间研究毛利人的工艺。他非常推崇毛利玉器，这里要介绍的他的书，标题就叫作《玉器之国》，是1973年在澳大利亚悉尼出版的。舒恩在书里详细描写了这种玉器的各方面情况，并且以生动的文笔叙述出自己探讨毛利工艺的曲折过程。所附彩色图版好多是新西兰若干博物馆珍藏的玉器精品，多数是古代的，也有晚近的创作。较新的作品刻意模仿和发展了古代玉器的风格，是传统的直接继续。

毛利人很早便有玉质的锋刃器，例如《玉器之国》第26页所载的古代玉斧，是在新西兰南岛南阿尔卑斯山以东布鲁纳尔（Brunner）湖滨的玛尔斯顿（Marsden）出土的。这是一件磨制玉斧，上端粗糙，斧身则莹润光洁，呈长梯形。制斧的玉料是当地出产的所谓"花玉"，色绿而有白斑，很是美观。同书第93页有一件形制类似的玉斧，色灰，是在靠近塔拉玛考（Taramakau）河口的农田中发现的。

毛利人还用玉制作"梅里"（mere），即在举行礼仪时使用的一种器具。舒恩书第101页有这样一件玉"梅里"，像扁扁的一根棒子，柄端有一个圆孔。它是用少见的"珂珂普"玉（kokopu），即有斑的"印南伽"玉（inanga）制成的。

"印南伽""珂珂普"等，都是毛利语的玉名。他们重视玉，所以对不同的玉赋以种种名称，正和中国古人一样。"印南伽"玉色泽的基调是绿，有的较暗，呈灰绿色；有的较嫩，呈青绿色。

玉在毛利人那里的用途，最主要的还是制造饰物，这一点也和中国古代玉器相同。佩饰的形状非常复杂繁多，但如舒恩所说，其造型有几种传统母题，如鱼钩母题、逗点形母题、鸟–人母题等等。

鱼钩母题的玉饰，有的十分简单。比如毛利人传统的耳坠[①]，有的只是一个下端弯成钩形的直棒，有的简化得连钩都省去了。比较复杂一点的，在棒的两侧各出一小的扉棱。这种耳饰都是用"印南伽"玉造成的，色青绿或微白，相当漂亮。

用这个母题，也可以做出非常复杂的佩饰。如舒恩书第31页的两件（图10），均自鱼钩形变化而来。它们的特点是轮廓的线条圆转，有圆形或逗点形的穿孔。左面一件是青绿色的，右面一件也是绿色而有褐斑。从整体看，还不难发现它们与鱼钩形的关系。该书第79页的3件（图11），样子差不多，但有两件在上端有一个眼睛，是用浮雕的手法做出的。

图10　鱼钩形玉饰

---

① 舒恩：《玉器之国》，第51页，1973年。

该书第81、83页又有6件鱼钩形母题的玉饰，也有带眼睛的。6件玉饰形状各异，有的呈斜三角形，很不像鱼钩了。查其原因，是为了利用玉片本有的几何形状，结果是变化多端，彼此互不相同。

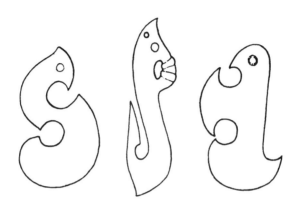

图 11　鱼钩形玉饰

图12的玉佩饰，呈青绿色，系用"印南伽"玉雕成，代表了鱼钩母题最发展的形态。它的意境，和现代抽象艺术甚为相似。

逗点形，毛利人称为"珂鲁"（koru）。上述鱼钩形玉饰的穿孔已有逗点形的。舒恩书第84页有两件这种佩饰的标本，形制比较简单，而第28页的一件（图13）就复杂得多。这件玉饰是双"珂鲁"式的，饰身由相逆的两个逗点形构成，又有两个逗点形的镂孔。玉质是较软的"印南伽"，颜色灰绿，据说这种玉对热"敏感"。

图14所示的玉饰，特点是"以正负因素相互对比"。1970年，经新西兰伊丽莎白二世美术协会购藏，用来作为该会的标记。这件美观的玉饰呈碧绿色，见舒恩氏书第111页。

新西兰玉器作鸟形的也不少。该书第113页有一墨绿色佩饰，

为张翼的立鸟侧面形，翼尖有一小穿孔，用5条直线表示翼羽，是
很好的艺术作品（图15）。鸟的造型，据云是由阿胡里里河（Ahuriri）
流域毛利人的崖画而来。又第103页的佩饰，形为二鸟相背，还有4
个小鸟足部相连。这一类鸟形都不怎么肖生，而是相当抽象化的。

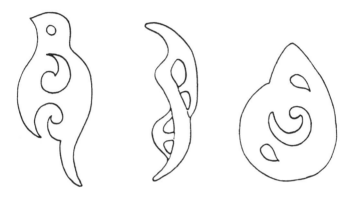

图12　印南伽玉饰　　图13　双珂鲁式玉饰　　图14　珂鲁式玉饰

所谓鸟-人母题，形象在人、鸟之间，毛利人称之为"玛纳
雅"（manaia）。舒恩所举有其书第12页的玉饰。其第51页的又一
玉饰，是用一种"阿拉胡拉"玉（arahura）雕成的（图16），3个
"玛纳雅"结合在一起，各有一只眼睛，富于神秘色彩。

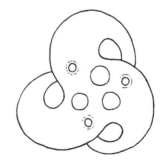

图15　鸟形玉饰　　　　　　图16　三玛纳雅式玉饰

玉器也有少数像其他动物的，比如舒恩书第102页的碧绿色玉饰，是以塔拉玛考河出产的玉制作的。其形象是一条盘曲的蛇，蛇口另悬一椭圆的玉坠，这叫作"玛拉基豪"（marakihau）。

有的佩饰上有人面形，该书第100页的一件，本是一简单的鱼钩形，其左右两侧有伸出的部分，略似人面，有目有口，看起来和中国良渚文化的所谓"蚩尤环"（饰兽面的玉环）有些近似。

新西兰玉器另有一种玉人，称"黑提基"（Hei-tiki）。以书中第93页所载的一件为例，人形盘腿而坐，双手抚膝，脸部正视而头倾向左方，玉色是灰绿的。这件玉人发现于新西兰北岛的璜加内（Whanganui）海滨，是毛利人特有的作品。同书第97页还有好几件这种玉人，都是奥克兰战争纪念博物馆的藏品，用不同的玉质做成。其形象和上述一件大体类似，有的双手在前，有的一手托于颔下，有的眼部加嵌红色的圈。这种人形的设计是毛利人在迁移到新西兰时带来的，所表现的是波利尼西亚的"亚当"，并不是神，所以这种玉人不被当作神像来崇拜。

由以上的介绍，大家可以知道，新西兰毛利人的玉器是很发达、很复杂的。其中有些属于肖生，像上面说的玉人，但多数是图案化，甚至高度抽象化的。从比较研究的角度考虑，这说明其他地区的年代很古的文化，其发展程度和欧洲人进入新西兰以前的毛利人相当的，也可能有类似的玉器。对于研究中国的古玉，这个观点很有意义。

近年中国古玉的一大发现，是辽宁西部到内蒙古东部出土的红山文化玉器。辽宁的考古学者指出："勾云形玉佩、马蹄形玉箍、兽形玉，以及二联璧、三联璧等，为这批玉器主要造型，均不见于商周玉。龙、虎、龟、鸟、鱼等，虽与商周玉为共同题材，然具体形象、技法和风格则有差异。"①这些红山文化玉器，有些是素面的，如璧、玉箍，有些则有纹饰或形象，后者也可分为比较肖生和比较抽象化的两类。各样动物形玉是肖生的，勾云形玉佩是抽象化的。

据报道，勾云形玉佩已发现十余件，"作长方形或方圆形板状，多两面雕饰，也有只在正面雕饰的。往往在中心镂孔作勾云状盘卷，四角多作卷勾状，佩面磨出与纹饰对应的浅凹槽，皆有穿孔"。图17所示两件，分别出土于辽宁凌源三官甸子和内蒙古赤峰巴林右旗，均为淡绿色玉雕成。附带说一下，在日本曾见一淡绿色马蹄形玉箍，其平口一端外壁也雕出凸起的云形花纹。云形可以说是红山文化玉器中多见的一种母题。

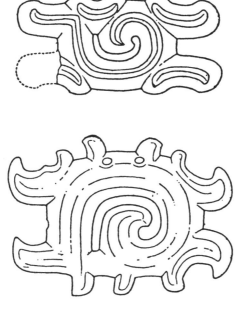

图17 勾云形玉佩

① 孙守道、郭大顺：《论辽河流域的原始文明与龙的起源》，《文物》1984年第6期。

云形母题的佩饰，和新西兰玉器几种母题的佩饰一样，是一项工艺美术的传统，不太容易知道其本来的意义是什么。这类母题是抽象化的，在古文化中不算稀奇。有些读者大概了解，在内蒙古敖汉旗大甸子等地发现的夏家店下层文化陶器上的彩绘花纹，便是非常抽象化的。过去很多人以为史前艺术一定是写实的、肖生的，事实证明这种想法并不正确。

有意思的是，红山文化可能也有玉人。北京的故宫博物院藏有一件暗绿色的玉佩饰，长27.7厘米，宽11.7厘米。它的外廓为勾云形，实际上还是勾云形玉佩，不同的是中部是一浮雕人形。人正立，眉目鼻口都很分明，身着窄袖衣服，两手合拄一杖，足下踏一只角动物。这件珍奇的玉器据说是60年代初一位东北人带来北京，后来由故宫收藏的。经反复研究，故宫博物院的学者认为，这件玉人除外廓的勾云形外，人身和动物头部饰有斜方格形的锦纹，其结构和雕法都与红山文化玉龙、玉兽身上所见极为相似，因此很可能也是红山文化遗物。

红山文化玉器已被指为中国古玉的一个重要系统，它的年代在公元前4000—前3000年之间，可是其内涵业已相当丰富了，在不少方面，堪与新西兰玉器媲美。关于红山文化的认识，目前仍处于初步阶段，相信不久还会有更多更精美的这种文化玉器发现出来。

参考文献：

Theo Schoon, *Jade Country*, Jade Arts, Sydney, 1973.

方殿春、刘葆华：《辽宁阜新县胡头沟红山文化玉器墓的发现》，《文物》1984 年第 6 期。

孙守道、郭大顺：《论辽河流域的原始文明与龙的起源》,《文物》1984 年第 6 期。

张广文：《玉人·玉兽》,《紫禁城》1989 年第 1 期。

任爱君：《红山文化的史前玉器与中国"尚玉"的古文化源头》,《昭乌达蒙族师专学报》(汉文哲学社会科学版) 1990 年第 3 期。

十四、甲骨占卜的比较研究

　　殷墟甲骨的发现，导致了后来的殷墟发掘，成为中国现代考古学的发轫。这是中国考古学史上的大事，也是世界考古学史上的大事。英国的考古学史专家丹尼尔（Glyn Daniel）1981 年出版的《考古学简史》(*A Short History of Archaeology*, London) 就专门叙述了这项发现。

　　甲骨是一种占卜方法的遗物。当时的人们相信，龟甲或者某种兽骨所表现的征象，可以预示吉凶。这种占卜方法在商代相当流行，尤其在商代晚期的都邑殷（今河南安阳）兴盛一时。许多甲骨上契刻了占卜的记录，即卜辞，更有非常重要的史料价值。因此，殷墟甲骨的发现和研究，结果是产生了一个专门的学科分支，叫作甲骨学。

　　实际甲骨这种占卜方法有着广泛而且久远的分布。它绝不限于殷墟，也不限于商代，只不过在殷墟以外较少契刻占卜记录的有字甲骨就是了。过去的甲骨学者，大多数是研究古代文字或者历史的，目光集中于卜辞，于是造成一种看法，甲骨唯有有字的重要，无字的似乎无足重轻。这是传统的偏见，是不对的。

也有些独具慧眼的学者，注意到无字甲骨的意义。这里我们特别应该提到陈梦家先生。他在1954年写的一篇论文里，对国内各地出土的卜用甲骨做了统计。他说："直到现在为止，刻了卜辞的甲骨只出土于安阳的小屯和侯家庄两个地方。解放以前，卜用的甲骨在安阳小屯以外也有发现，如历城的城子崖、浚县的大赉店、旅顺的羊头洼、济南城南郊、济南大辛庄、滕县安上村和永城的黑孤堆。"然后，他又列举了1950年至1953年出土卜用甲骨的地点：安阳四盘磨、辉县琉璃阁、彬县、郑州二里岗、济南大辛庄、洛阳泰山庙、安阳大司空村等。随后，他在1956年出版的《殷虚卜辞综述》一书中，对出土地点又有不少补充。

近年对卜用甲骨出土地点做出统计的，有萧良琼《周原卜辞和殷墟卜辞之异同初探》的附表。她的表告诉我们，卜用甲骨的发现遍及北京、河北、山西、内蒙古、吉林、江苏、安徽、山东、河南、湖北、四川、陕西、甘肃等地，时代则自史前直至东周都有。此外，最近还在四川云阳发现了唐代的卜甲。

下面我们要谈的是，甲骨占卜不只中国有，还传布到国外很远的地方。

美国人类学家克洛伯尔（A. L. Kroeber）早就讨论过这个问题。其名著《人类学》一书，被很多大学采用为教本，其中第十二章《文化成长与传播》专论占卜。克洛伯尔认为，这一类占卜方法（他称作scapulimancy，即胛骨卜）是自东方向西方传播的。其起源地是古代中国，在3世纪时传入日本，在那里是使用鹿胛骨。直至现代，西伯利亚东北部的一些民族尚有用驯鹿或海豹胛骨的卜法。这一习俗也传布到中国西南的若干民族，包括西藏人，并为中亚各种民族所采用。它在亚洲的流传范围，到达南阿拉伯、阿富汗和印度西隅，但似未深入印度。

这类占卜方法也传播到全欧洲，盛行于十五六世纪，在一些较后进的人民中流传的时期更长。同时，亦传到北非的摩洛哥等地。

在北美洲土著人中，也存在同类的占卜方法，克洛伯尔认为这是由东北亚传去的。虽然爱斯基摩人（今称因纽特人，后同）和太平洋沿岸的部族没有这种习俗，在阿莎巴斯卡（Athabascan）和阿尔冈琴（Algonkin）部族中，却有灼烧驯鹿、驼鹿等动物之骨占卜的风习。

克洛伯尔把世界各地的这类卜法分成东方、西方两大类型。东方型的卜法是对骨进行烧灼，看所造成的痕迹裂纹的形状，借以确定吉凶。西方型则省去烧灼，而且限于家养的绵羊，仅观察骨的形状、厚薄或者纹理。

克氏学说可谓传播论的典型。其所叙述的传播路线恐还有待深入研究和论证，特别是西方型卜法是否东方型卜法的变态，需要可靠的材料来证明。可是，如果仅就东方型烧灼兽骨的卜法而言，其起源肯定是在中国，然后流传到周围，包括越过白令海峡，传到北美的某些地区。

李亨求的《渤海沿岸早期无字卜骨之研究》一文，是专门讨论东北亚的古代卜骨的。他曾写过《铜镜的渊源——中国青铜文化与西伯利亚青铜文化的比较研究》等文，熟悉这一地区的考古材料。除了中国境内的发现以外，他论述了朝鲜和日本的有关发现记录。

关于朝鲜，李文举出两个地点。一个是咸镜北道茂山邑虎谷洞，1959年在该地发掘，见黄基德《茂山邑虎谷洞原始遗迹发掘中间报告》①。这个遗址位于图们江上游，自其第1号居址的扰土层和第8号居址的堆积层中，出土了4件卜骨。这些卜骨都有圆形的钻，曾经烧灼。钻都在骨的背面，整齐成排，形制接近中国吉林汪清百草沟出土的卜骨。汪清位于图们江支流上。茂山邑的卜骨，据云系猪胛骨，年代约在公元前1000年到公元前500年之间。

另一个地点是庆尚南道昌原郡熊川邑，该地自1959年曾发掘数次，在一座铁器时代的贝冢里，发现有鹿角6件。这些鹿角都经磨光，刻有若干条平行线。其中两件可能经过火烧。这个地点是在朝鲜半岛南端。

关于日本，李文举出4个地点。第一个是岛根县八束郡鹿岛町古浦，在1963年发现卜骨1件，是鹿的足骨，其表面有成排的钻灼。年代为公元前3世纪的弥生时代前期。

其次是神奈川县三浦市的毘沙门和问口。该地系洞窟遗址，1951年发掘，出土卜骨14件，有猪、鹿的胛骨和肋骨，都有烧灼痕迹。毘沙门的是胛骨，灼处在骨面上；问口的则多为肋骨，灼处在骨面中央，有一排或两排。年代为公元300年左右，属弥生后期。这个地点是通向朝鲜的要道。

第三个地点是新潟县佐渡岛千种遗址，1952年出土卜骨1件，系日本鹿胛骨。骨面中央有3处钻灼，显有裂纹（兆）。年代约为公元400年，在弥生时代和古坟时代之间。

最后是长野县更埴市生仁遗址，有卜骨1件，可能是胛骨。骨面上有灼痕多处。

朝鲜、日本还有不少文献材料，记述了甲骨占卜的事迹。过去

---

① 见《文化遗产》1960年第1号。

日本学者林泰辅《支那上代之研究》曾论及日本古代的卜法。李亨求文对朝日材料也有论列，这里限于篇幅，不能一一征引。中国史书《三国志·魏志》的《东夷传》也有"倭人……灼骨而卜"的记载。

上面介绍的这些朝鲜、日本的例子，有一些特点值得注意。它们不像中国的情形以用胛骨为主，而是兼用其他，如肋骨、足骨，甚或鹿角。用鹿的事例较多，这当然是那里产鹿的缘故。朝鲜熊川贝冢的鹿角，经加工刻线，有的经过火烧，有的却没有。类似的鹿角，在日本长野生仁遗址也出现过。日本奈良市唐古遗址出的鹿下颚骨，爱知县热田贝冢出的马脚骨，也刻有平行线条，均见李文。这些假如都是占卜所用，应该是另外一种卜法，很值得探究，可以开拓我们的思路。

即使在殷墟的商代卜骨里，也有过肋骨，并且有刻着文字的。刘一曼的一篇论文，对有字肋骨做过搜集统计。她找到的肋骨共11例，有1件刻的是干支表；6件"文字紊乱，字体幼稚"，被认为是练字的"习刻"。其余4件，文字精整，至少3件无疑是卜辞。

1953年4月，在郑州二里岗被扰动的地面上采集到一个有字的牛肋骨，上面刻的乃是两条卜辞。由于不是发掘出来的，学者对其年代颇有不同意见，但后来由河南的考古学者反复调查，发现肋骨的一带没有晚于二里岗期的商代地层。这就表明，肋骨确是属于商代中期的，比殷墟要早。裴明相先生有论文专谈此事。

中国也出有刻线的鹿角。安特生的《中国史前史研究》[①]曾收

---

① J. G. Andersson, "Researches into the Prehistory of the Chinese", *BMFEA*, No.15, 1943.

有甘肃罗汉堂出土的这种东西，认为与"秘密魔术"有关。1987年，在河北兴隆发现一件鹿角，残长12.4厘米，经磨光后刻线，还染有红色。它的线条比较复杂，呈类似叶脉、绳索状，看来是一种艺术性颇高的纹饰。研究者尤玉柱提出："这件纹饰鹿角只是一种装饰性美术作品。也可能代表某种迷信色彩。根据伴生的最后斑鬣狗、赤鹿、斑鹿等动物化石判断，其时代应为更新世晚期，距今约一万多年前。"由此看来，刻纹鹿角的性质，学者都以为与某种神秘活动有联系，但是否一定是占卜所用，尚可商榷。

北美的卜骨，应该和东北亚的占卜习俗有关系。只是这里的部族并不驯养家畜，以狩猎为生，他们使用的便仅限于野生兽类了。在烧灼兽骨这一点上，他们的卜法是属于克洛伯尔所说的东方型的。

这里还要指出，用龟的甲壳占卜，比用兽骨的传布范围狭小得多。中国古代一直认为龟有一种神异的特性，这种看法的渊源非常久远，可以上溯到7000年以前的史前时代。

1987年，在安徽含山凌家滩的一座新石器时代晚期的墓葬中发现几件极为特殊的玉器。这座墓的年代，根据陶片热释光测定为距今约4500年。墓中死者的胸上，放着一只玉龟，龟分为背甲、腹甲两片，都有小的穿孔，可用绳连缀起来。在背甲、腹甲中间，夹着一块长方形玉片，上刻有十分规整的表示四面八方的图案（图18）。这显然有着神秘信仰的意义。有论著讲到，这件玉龟是作为占卜使用的，占卜的方法"大概是先由巫师（或祭司）当众口念占卜的内容，然后在玉龟空腹内放入特定的占卜物品，固定玉龟，加以摇晃，再分开玉龟，倾倒出放入的占卜物品，观其存在的形式，以测吉凶。可以认为，这是一种最早期的龟卜方法"①。

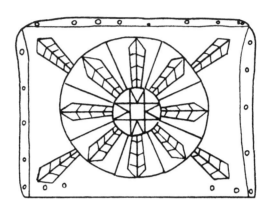

图18　玉片图案

这种占卜方法，可以参考其他新石器时代文化中的一些现象。

1984年至1987年，河南的考古学者在舞阳贾湖遗址发掘，发现了相当于裴李岗文化的十几座墓葬。大家知道，裴李岗文化比仰韶文化还要早，距今在7000年以上，墓中有不少龟壳"往往装有数量不等、大小不均、颜色不一、形状各异的小石子"。有的龟甲上还刻有符号，可能同原始文字有关。

山东到江苏北部的大汶口文化墓葬，死者每每以龟甲为佩戴物，有的是背、腹俱全的龟壳，内置石子或者骨针。有些学者已指出，它们有着神秘的性质。这比裴李岗文化晚约2000年，和含山玉龟的年代则较接近。

总之，在殷墟的龟甲占卜以前，可能很早就有用龟甲卜问的方

① 俞伟超：《含山凌家滩玉器和考古学中研究精神领域的问题》，《文物研究》第5辑，黄山书社，1989年。

法，但与烧灼无干。后来这种习俗与用兽骨烧灼的卜法相合流，在中原文化内成为正统。汉代以后，内地竟不再有兽骨占卜了，唯一使用的乃是龟甲。只是在东北、西南等地的少数民族间，还流传羊骨卜以及其他用骨占卜的风习。

对于甲骨占卜这种文化因素的研究，必须采用比较的方法。这里所谈的，只不过是初步的试探。特别值得重视的，是亚洲东北部到北美，流行克氏所谓东方型的这种卜法，很需要进一步探究。

参考文献：

陈梦家：《解放后甲骨的新资料和整理研究》，《文物参考资料》1954年第5期。

萧良琼：《周原卜辞和殷墟卜辞之异同初探》，《甲骨文与殷商史》，上海古籍出版社，1983年。

A. L. Kroeber. *Anthropology: Race, Language, Culture, Psychology, Prehistory*, London, 1948.

李亨求：《渤海沿岸早期无字卜骨之研究——兼论古代东北亚诸民族之卜骨文化》，《故宫季刊》第16卷第1—3期，1981—1982年。

刘一曼：《殷墟兽骨刻辞初探》，《殷墟博物苑苑刊》创刊号，1989年。

尤玉柱：《旧石器时代的艺术》，《文物天地》1989年第5期。

俞伟超：《含山凌家滩玉器和考古学中研究精神领域的问题》，《文物研究》第5辑，黄山书社，1989年。

十五、印第安人的"饕餮纹"

"饕餮纹"一词，是所有研究中国古代青铜器的人都熟悉的。这种花纹的主体是动物脸面的形状，在商周青铜器以及其他器物上非常流行。许多学者曾经探讨这种花纹的性质和意义，有形形色色的见解，但一直没有公认的结论。

"饕餮纹"这个词的来源，出自战国末年的作品《吕氏春秋·先识》篇。该篇云："周鼎著饕餮，有首无身。"到北宋时，研究青铜器的学者就把以动物脸面为主的纹饰叫作"饕餮"。例如吕大临的《考古图》卷一描写癸鼎的花纹，就说："中有兽面，盖饕餮之象。"这个词沿用至今，已经有900年以上。现代虽有一些海内外学者主张改称"兽面纹"（animal mask），但这个词仍为许多人继续使用。

最近，在《考古学报》1990年第2期上发表了陈公柔、张长寿的《殷周青铜容器上兽面纹的断代研究》，文中对"兽面纹"即"饕餮纹"做了很好的界说："其特征是一个正面的兽头，有对称的双角、双眉、双耳以及鼻、口、颌等，有的还在两侧有长条状的躯干、肢、爪和尾等。"饕餮纹有时还有种种异形，面如龙、虎、牛、羊、鹿，甚至禽鸟及人，变化奇诡，几乎不可名状。

以动物的脸面作为器物花纹的主题，在中国以外也不乏其例。比如日本宫城县多贺城遗址出土的陶罐，是盛水供祭礼用的，上面便用墨笔绘成人面纹饰①。这种纹饰的艺术手法与中国的饕餮纹很不相同，彼此不能比较。适于同饕餮纹进行比较研究的，是北美西北海岸地区印第安人的一类花纹。

美国不少学者专门探讨过西北岸印第安人的艺术。较早的这方面的权威著作，是人类学家鲍亚士（Franz Boas，或译博厄斯）的《原始艺术》（*Primitive Art*，初版于1912年）。20世纪40年代以来，对此贡献较多的，是殷沃拉里蒂（Robert Bruce Inverarity）的一系列作品，如《西北岸印第安人的面具与木偶》《西北岸印第安人的艺术》等。1967年，殷沃拉里蒂还写了一篇题为《西北岸印第安艺术及若干时地相远的艺术因素的考察》的论文，对印第安人艺术与商周青铜器花纹做了比较研究。这篇文章提交在哥伦比亚大学举行的"中国古代艺术及其在太平洋地区的可能影响"研讨会，1974年收入会议论文集出版。

下面我也想以饕餮纹和美洲西北岸印第安人的类似花纹做一对比分析。在讨论以前，需要提到饕餮纹的一种特点。

所有饕餮纹都有一个共同处，就是左右的对称。以图19所示的商代饕餮纹为例，假设沿鼻部中央作一垂直线，即把这一动物图像划分成对称的两半，这两半都成为独立的侧视形，各有完整的口和前伸的爪；把两半合起来，又成为完整的正视形，只是面部显得

① 东北历史资料馆、宫城县多贺城迹调查研究所：《多贺城与古代东北》，第53页。

很宽阔。这种艺术表现上的特点，已有学者注意到，如上海博物馆馆长马承源先生在为《商周青铜器文饰》写的《综述》里说："兽面纹既表现为物体正面的形象，同时也是表现物体的两个侧面，我们称这两种结合的方法为整体展开法。古人为了全面表现走兽和爬虫的形象，除了绘成正视的兽面以外，还需显示兽类的体躯，而体躯只能从侧视来表现，并以对称的方式展开。这是商周时代的艺匠们用正视的平面图来表现物像整体概念独特的方法，也可以说是透视画法产生之前的一种幼稚的和有趣的尝试。"他还指出，不仅描绘兽类，在描绘鸟类时也用同样的方法。

图19　商代饕餮纹

懂得这种艺术表现方法，可以免除我们对古代器物花纹的不少误会。例如一种图像是中间一个蛇头，两侧有对称的蛇身，有些学者援引典籍，称它为"肥遗"，即一头双身的蛇。实际上，这不过是同时表现蛇的正视、侧视的方法，并非特种的动物。

同样的表现方法，也见于美洲西北岸的印第安艺术。

西北岸的范围，大致说来，是从阿拉斯加东南部直到加利福尼亚北部。鲍亚士和殷沃拉里蒂的研究，所涉及的印第安人部族，依分布地点由北向南数，有特令吉特（Tlingit）人、海达（Haida）人、钦西安（Tsimshian）人、夸扣特尔（Kwakiutl）人、贝拉·库拉（Bella Coola）人、努特卡（Nootka）人、萨利什（Salish）人等，大都是人类学家熟悉的。图20所示的两幅图像，出于海达人之手。上面一幅是熊，下面一幅则是星鲨。

图20　海达人花纹（据朱狄）

关于海达人的这种图像，请读鲍亚士《原始艺术》书中如下解说，是讲那幅熊的："它只能用这样一种方式去观察，就是它的头部和四肢正好由熊的两个侧面所组成。这种以头部中线为分界的两面对称的图案，在海达人的这一熊的形象上得到更为清晰的表现。"1988年出版的朱狄《原始文化研究》引述了这段话，认为海达人的熊和星鲨图像"用一种非透视的方法成功地解决了在一个图形中同时表现一个动物的两个侧面形象的问题"。这和上面马承源论饕餮纹的话如出一辙,因为两者的艺术表现手法确乎是一致的。

图21是海达人银镯上的三种花纹。最上的一幅是海狸,鲍亚士描述说:"在图中可见海狸沿中线分为两半。脸面不需要更加说明。前足在面的两侧,足趾朝内,但身体的其余部分,除了两只尾巴,都被略去了。艺术家不得不表现尾巴,因为它是动物的象征。"

图21　银镯花纹(据鲍亚士)

中间一幅不是自然界存在的动物,而是海怪。它前似熊,后似鲸,其表现方法与上述海狸相似,也是突出面部和朝内的前肢。身体的其余部分都被简化,缩得很小。

以上两幅所用表现手法,和中国的饕餮纹也是一致的。

下面的一幅则稍有不同。它所表现的是鹰,也是沿中线分剖为两半,不过鹰的头是向后反顾的,以致出现两个钩喙,爪尖也变成朝外了。这种手法,在中国饕餮纹中还没有发现,而与较晚的顾首夔纹、鸟纹相近。

商周饕餮纹的前身是良渚文化玉器上的饕餮纹。关于这种玉器花纹的性质,海内外已有不少学者做过分析。良渚文化分布在苏南浙北,年代是公元前3300年到前2300年左右,比商周早了很多,但良渚文化玉器的饕餮纹有很多与商周饕餮纹相同的特征,其间的关系是显而易见的。特征中间的一个,就是良渚玉器的饕餮纹也是可以沿中线分剖为左右对称的两半,而且当它有前肢形象的时候,爪尖同样是朝内的。其所使用的表现手法,也同于美洲西北岸的印第安人艺术。

良渚文化这种花纹的最复杂的型式,见于1986年浙江余杭反山出土的大玉琮①。由这个新发现的型式,人们才发现,良渚文化这种花纹常有两个脸面,在一个大的动物脸面之上,加有一个小的人的脸面。动物脸面的眼睛是卵圆形的,人的脸面的眼睛是枣核形的,很容易互相区别。这样两种脸面重叠的图像,在印第安人艺术中也有,有的还更为繁复,在一个大的动物脸面的局部和周围,加饰若干小的脸面。鲍亚士的著作中,列举了特令吉特人、海达人等创造的不少这种图像。尤其是齐尔卡特(Chilkat)毯子上的纹饰,在动物脸面上叠加较小的人面,与良渚文化玉器花纹极为近似②。良渚玉器上的动物脸面没有轮廓,人的脸面则近于方形,齐尔卡特毯子的花纹也有这些特色。眼睛的形状,两者亦相接近。再有人面的口部,两者都龇露排齿,相像到令人难以相信的程度。

---

① 中国文物交流服务中心《中国文物精华》编委会编:《中国文物精华(1990)》,图版13,文物出版社,1990年。

② 见鲍亚士:《原始艺术》,第260—261页。

　　良渚玉器上，动物脸面的两侧，距离较远的地方，有时有侧视的人面，有时又有一种奇怪的花纹，每每被称作"鸟纹"。这后者其实不是鸟，因为它的主要部分是卵圆形的眼睛，所以可能是侧视而又加省略的动物面。图22所示是一件玉璜，可以看见两侧花纹主体是眼睛，上面有好像鸟头的部分。有意思的是，印第安人艺术里也有类似的图像。如图23是一件特令吉特箱匣上的花纹，其较长的匣侧都是动物脸面，较短的匣侧则在动物眼睛上加绘鸟头形的部分，和玉璜花纹非常相似。

图22　玉璜

图23　箱匣花纹（据鲍亚士）

由此看来，如果把印第安人的这一类纹饰也称作"饕餮纹"，似乎不算过分。

中国的良渚文化、商周文化，和美洲西北岸印第安人，不管在空间上还是时间上都相距太远，可是上述相似的现象难道仅仅是出于偶合吗？

很多年以来，人们在关心着亚洲东部与美洲西部有无文化联系的问题。这方面的专著和论文真是太多了，并且几乎每一年都有新的提法出现，从文献和文物上找出种种论据。可惜这种论据很难有足够的说服力，始终未被学术界所公认。所谓"越太平洋传播"的观点，至今很少人接受。

近年来，美国哈佛大学张光直教授提出"玛雅–中国文化连续体"的假设，他认为这个连续体的地理范围包括旧大陆和新大陆，其时间至少早到旧石器时代晚期。他指出："我们旧石器时代的祖先，他们的文化，尤其是美术、思想和意识形态的发达程度，远远比我们现在从极有限的考古资料中（通常只有少数的石器类型）所看到的要高得多。"从这个观点可以推想，"在二三万年前到一万多年以前，人类通过白令海峡到新大陆，在这个源源不断的过程中，他们具有的文化装备是相当复杂的。在这种程度很高的文化的基础上，后来于不同的地方、不同的时间就产生了相似的文明社会"①。这一假说对环太平洋地区的考古研究会起很大的影响。如果说商周的饕餮纹可上溯到东南的良渚文化，而良渚文化又恰好在沿海地区，这种花纹的艺术表现方法与太平洋彼岸的印第安人艺术或许确有某种渊源，有待我们深入探讨。

① 张光直：《考古学专题六讲》，第一讲，文物出版社，1986年。

东亚与美洲上古文化联系的问题，本书下面还要谈到。

参考文献：

上海博物馆青铜器研究组编：《商周青铜器文饰》，文物出版社，1984年。

Franz Boas, *Primitive Art*, Dover, N. Y., 1955.

Robert Bruce Inverarity, "Observations on Northwest Coast Indian Art and Similarities Between a Few Art Elements Distant in Time and Space", *Early Chinese Art and Its Possible Influence in the Pacific Basin*, 1974.

朱狄：《原始文化研究》，第一章第六节，生活·读书·新知三联书店，1988年。

Li Xueqin, "Liangzhu Culture and the Shang Dynasty Taotie Motive", *The Problem of Meaning in Early Chinese Ritual Bronzes*, Percival David Foundation of Chinese Art, School of Oriental and African Studies, University of London, 1993.

十六、土墩墓异同论

　　上面我们谈到张光直先生的"玛雅－中国文化连续体"的理论，这使我联想到20世纪60年代他为凌纯声《美国东南与中国华东的丘墩文化》一书撰写的序言，其中也涉及东亚与美洲考古文化的比较问题。凌氏此书出版于1968年，学者加以评述的并不很多。如果从比较考古学的角度来看，书中所论及的现象还是很有兴味的。

　　凌书认为中国和美国都有所谓"丘墩文化"。他所说的丘墩，英文是mounds，实指人工建造的土墩或土台。根据书中引用的大量美国材料，美国的丘墩，分布范围是在落基山脉以东一直到大西洋岸。由丘墩的用途来分，有的是埋葬墩，有的是房屋墩，有的是形象墩。凌氏主张中国华东地区也有类似的遗迹，彼此应有关系。他自此申论，提倡泛太平洋的（Trans-Pacific）考察研究。

　　"形象墩"（effigy mounds）一词比较陌生，这里先解释一下。所谓"形象墩"，是把土墩修建成特定的形状，大多是种种动物的形状，例如鹿、熊、狼、狐、水牛、美洲豹、龟、蛇、鹰、燕、天鹅等等。个别还有人形以及直线形的。这一类"形象墩"现存高度，有的仅略突出地表，有的则有几英尺甚至二十几英尺。至于大小，有些颇为惊人，例如，威斯康星州南部一带的"形象墩"，每每长50英尺至500英尺；俄亥俄州亚当郡的一座巨蛇墩，竟长至1330英尺。"形象墩"一部分是埋葬用的，多葬于墩所像动物的头部或心脏的位置。

中国有没有"形象墩"这种遗迹？凌氏主张有，他在考古报告和各种载籍里找出很多以动物为名的墩。不过这些墩是不是人工建成的，尚缺乏报道，有些恐怕是天然的丘阜，只是形状有似某种动物，从而得名。无论如何，今后在田野调查中，应该注意看一看有否"形象墩"的迹象，不能骤下断语。

平台形墩，包括下部为锥体、上为平顶的墩，多见于密西西比河下游，多为酋长房屋基址或宗教性建筑遗址，即房屋墩、庙宇墩。在有些地区的墩，兼有居住、埋葬两种功能。

圆锥形墩多为埋葬墩，其现象确有可同中国的遗存比较之处，所以要仔细加以介绍。

美国东部的这种丘墩，始见于伍德兰早期（Early Woodland），约当公元100年至350年，可以阿登那（Adena）文化作为代表，分布在俄亥俄州南部、肯塔基州北部、弗吉尼亚州西部及宾夕法尼亚州一带。这一时期的埋葬墩为圆锥形，常成群，高数英尺到70英尺。大型墩中常有木质葬具，其外以土墙环绕，呈正方、长方或圆形，有一处缺口。墙径自50英尺到500英尺。因造墙取土，墙内常有一沟。这种大型墩反映墓主身份，"显然的唯有其社会中的重要人物才能葬入此数墩中"。

密西西比河的主流沿岸，这种墩有圆形、椭圆形两种，高不过15英尺。墩中或在地表上挖一葬穴；或铺石块，陈尸其上；

也有修造石棺或垒石为墓室的。田纳西州东部的这种墩，形体多小，墓主置地面上，或有浅穴，上覆石片。另外有的地方还有合葬墩。

到伍德兰中期（Middle Woodland），即约350年到700—800年，埋葬墩又有发展，可以俄亥俄州的霍普威尔（Hopewell）文化为代表。其丘墩常有圆形、长方形或八角形的土墙，墙可长达数百英尺。墙内有的有沟，深数英尺至十余英尺。土墙设有门道，墩在墙和沟内，有圆锥形的，也有细长形的。这种丘墩群，是霍普威尔人宗教和埋葬的礼仪中心。以霍普威尔墩群为例，设有长方形围墙，墙内有大小丘墩29处，最大的主墩原高33英尺、长500英尺、宽180英尺，埋有150多人。

墩群的形式有好多变化，有的墩中有石室、木室，有的附有祭坛。这一时期还有分层合葬的墩，如密西西比河谷的一处遗址，系在平台上放置尸体，加以堆盖，然后逐层上堆。有些地方的丘墩还施行火葬。

实际上，在美国东南以外的美洲其他地点也有丘墩，如凌氏所举，在中美洲墨西哥的普韦布拉（Puebla）一带便发现有分层合葬墩，同在美国所见类似。

凌氏引用了不少中国考古材料来与美国的丘墩比较。现在我们可以用近年这方面的新知识，重新考虑一下这个问题。中国确实有一种考古遗存，在形式上同美国的埋葬墩不无相似之处，这就是当前不少考古学者热心研究的土墩墓。

土墩墓是一种特殊的埋葬形式，其分布范围主要在江苏南部、上海、浙江北部及毗连的安徽一部分地区。当地的学者已就这种墓葬的特点做过综合描述。据邹厚本先生《江苏南部土墩墓》一文，其特点似可归纳为以下几项：

墓多在高处，或系丘陵坡地，或为平原突起处。一般是在平地上堆起封土，不挖墓穴，或者只有浅穴。也有时是在原有居住遗址上加以整理，然后埋葬。

土墩多有若干墓葬，仅有一座墓的很少。估计在埋葬第一批墓的时候，堆起封土。以后再要埋葬时，便把封土挖开葬入。

有的墩中墓葬用卵石铺底或砌出石棺，也有铺木炭的，这都是少见的例子。极少数还有用火烧烤墓坑的。

土墩墓内罕能发现完整的人骨架，有些见有骨屑、牙齿，这大约是埋葬前对尸体做过某种处理的结果。

随葬品多为陶器，其中有几何印纹硬陶和原始瓷器。出青铜器的墓葬不多，但有内涵非常丰富的，应为墓主身份高贵的表现。

土墩墓延续的时代相当长，约自西周直到战国早期。至于族属，有的学者主张是当时吴国的土著居民，即古书所说的"荆蛮"。

关于一座土墩中包含多数墓葬的现象，学术界曾有些讨论，原因是同墩的墓葬年代有时会有比较大的差别。据研究，同一座墩的墓葬应属一个家族，如江苏句容浮山2号墩，《考古》1977年第5期发表的简报有所分析："由于八座墓葬都在一个大封土墩内，所以这一墓地应是一个家族的墓地。其中M8所出的一件铜戈，可认为墓主生前的身份曾是一个'武士'。这个墓在墩顶下最深，是最先埋葬的墓主。紧靠其旁的M6所出一件陶纺轮，表明墓主生前为一妇女。她很可能就是早死的武士的妻子。其余六个墓葬均分布在这两个墓的四周或它们的上面，有可能是这一对夫妇的子女。"这是一个比较典型的例子。

最近一些年，学者们又把眼光集中在流行土墩墓的这一地区的另一类遗存，即所谓"石室土墩"上。

"石室土墩"最早是50年代在江苏吴县五峰山发现的。现在知道其分布范围和土墩墓大略相似，而在太湖周围为数最多，仅宜兴临湖地区据称便有1000余座。这种土墩大多建于山坡上面，沿着山脊排列，故有"烽燧墩""藏军洞"之称。它的结构是用石块垒成长形石室，外面用土堆筑，成为圆或椭圆形的土墩。这种土墩有的很大，例如吴县七子山的，高达10米，长30米。

在石室里面，也发现有陶器一类物品，但没有找到人骨。很多学者认为，从石室用封土盖闭看，尽管没有人骨，还可以肯定是墓葬，称之为"石室墓"。另外也有论者主张是祖庙、祭天遗址、居住遗址或为鬼魂修造的房舍的。继续主张军事设施之说的论者仍然还有，迄今尚无定论。有文章指出，在江苏南部发现在山上有大型石构建筑，比"石室土墩"大得多，因此不能排除"石室土墩"有墓葬以外用途的可能性。也有文章提出，这种墩实际有着多种功能。

总的说来，"石室土墩"的发掘还较少，相信随着当地考古工作的开展，它们的性质不久便会清楚。

研究中国土墩墓的学者已经指出，这种葬俗有很古的渊源。从距今6000年的马家浜文化起，这里的先民已有把尸体放在地面上，以土覆盖埋葬的习俗。到良渚文化时期，便在平地掩土的基础上，发展成较高的封土，是为土墩墓的先声。

最近几年，良渚文化的考古研究有迅速发展，又发现了一些值得深思的现象。

1986年发掘的浙江余杭反山遗址，1987年发掘的同县瑶山遗址，由于墓葬出土了异常精美的古玉，业已名闻海内外考古学界。不过，大概是玉器太重要的原因，对这两处遗存本身，却较少人注意了。

反山遗址位于杭州市西北，属余杭县的雉山村。它其实是20世纪30年代发现的良渚遗址的一部分，70年代调查时已知是一人工建造的土墩。这座名叫反山的土墩目前东西长90米，南北宽30米，高约4米。据调查，它原来比现在还要长出10米左右。土墩的结构表明，建造的程序是，先堆筑土台，不经夯打，即埋入墓葬，然后覆盖封土。

在反山已发掘良渚文化墓葬11座，墓穴为长方形，原有木棺，棺下有承托的低台，围以浅沟。墓主多仅存牙齿或骨痕，随葬有陶器及玉石器、象牙器等，还有漆器的遗迹。整个土墩包含多少墓，现在尚不能确计。由出土器物看，墓的年代为良渚文化中期，距今约4800—5000年。

瑶山是余杭县安溪乡的一处小山，在反山东北不过5公里远。山顶系堆土增高，也是一座土墩。发掘简报提出上面是一处"祭坛"，平面呈方形，由三重组成。最内的一重在"祭坛"偏东部，是红土台，周围有灰土围沟；沟的西、北、南三面为黄褐色土台，铺有砾石台面。砾石台的西、北边缘，发现有砾石砌造的"石磡"（护台的墙），作斜坡形。"祭坛"的整个面积约400平方米。

在"祭坛"南半部，发现有两列墓葬，共12座，整齐有序（图24）。墓都有墓穴，原有葬具，仅在一墓见到人骨痕迹及牙齿。随葬物与反山的类似，估计年代比反山略早。

发掘者指出，瑶山"祭坛"的墓葬所出陶器，同"石磡"

夹杂的陶片年代一致，因此"祭坛"与墓葬是一个时代的。同时，墓葬的位置和"祭坛"的形制有关，墓穴最大、随葬品最多的M11等刚好在红土台及围沟上。这种情形当非偶然，所以发掘者认为两者是一体的，也就是说土墩兼有埋葬与祭祀两种功能。

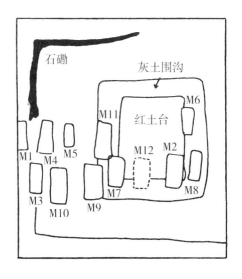

图24　"祭坛"与墓葬

上述中国良渚文化的土墩，以及西周以下的土墩墓、"石室土墩"等，年代都比美国的墩早得多。凌纯声书曾提出一种见解，以为"丘墩文化""纪元前30世纪左右在华东已存在了！这一文化南向淮河长江流域传播，同时传入太平洋中的岛屿，渡过太平洋而至中、南美洲，至Woodland时代在北美发现"。这自然需要事实材料才能证明。但我们如果不考虑传播的问题，只把两者作为考古文化现象来比较，是对研究有所裨益的。

参考文献：

凌纯声:《美国东南与中国华东的丘墩文化》,台湾南港,1968年。

邹厚本:《江苏南部土墩墓》,《文物资料丛刊》6,文物出版社,1982年。

刘建国:《论土墩墓分期》,《东南文化》1989年第4、5期。

江苏省吴文化研究会编:《吴文化研究论文集》,中山大学出版社,1988年。

浙江省文物考古研究所反山考古队:《浙江余杭反山良渚墓地发掘简报》,《文物》1988年第1期。

浙江省文物考古研究所:《余杭瑶山良渚文化祭坛遗址发掘简报》,《文物》1988年第1期。

余杭县文物管理委员会办公室:《浙江省余杭县安溪瑶山12号墓考古简报》,《东南文化》1988年第5期。

十七、早期的铜器、铁器

从20世纪20年代末开始，中外许多学者热心于探讨中国古代社会的发展阶段问题。到60年代后期，文明起源又成为学术界越来越有兴趣的研究题目。研究这两方面，都不可避免地涉及金属时代在中国的开始，包括铜器和铁器什么时候被中国人使用的问题。近年来，中国不少地点陆续有早期铜器、铁器发现，为解开这一谜团提供了新的线索。考古学家、历史学家与冶金方面的学者通力合作，取得了不少创造性的成果，是非常值得欣喜的事。

可是，在这方面的研究上，总是有一些传统观点没有被打破，成见妨碍了对新的发现和鉴定成果做正确的理解。与此同时，又有少数论著过分估计新发现的意义，得出缺乏依据的推论。造成这种情况的原因之一，是没有把中国的发现放在世界冶金史的背景中去做实事求是的评价。

其实，世界冶金史的观点也是随着考古学的进展不断修正的。比较新的著作，例如，泰勒科特（R. F. Tylecote）的《冶金史》和华觉明等的《世界冶金发展史》，就都引用了好多考古新发现。中国方面的有关发现，无疑也会对世界冶金史加以修正和补充。

根据世界各地的材料，我们知道，人类用铜是以天然铜的利用开端的。泰勒科特指出，天然铜的发现要比很多人想象的容易得多。这是因为差不多所有大小铜矿，都包含有一定数量的天然铜，史前的人们不难采集到。不少地点发现有用天然铜制作的小件器物，例如铜珠、铜针、铜锥之类，其年代可早到公元前第九千纪至前第七千纪。例如，伊拉克北部扎威·彻米（Zawi Chemi）出土的天然铜饰物，便属于中石器时代末期，碳十四测定年代达到公元前9217±300年，实足令人惊异。

很多人以为天然铜非常纯，这个看法并不完全对。科学观察证明，若干天然铜的结构中常含有方解石之类矿物质，从而为铜带来一些杂质，如钙、铝、镁、硅，有些时候还包含有砷、银，等等。虽然如此，天然铜终究是较纯的，所以如在年代很早的地层中找到较纯的铜器，就很可能是用天然铜制造的。

最原始的以天然铜制作器物的方法，是锤锻。例如在伊朗阿里·科什（Ali Kosh）发现的一件红铜珠，是用天然铜造成的。它已经严重氧化了，但经观察，还可以辨别出是由锻打成0.4毫米厚的铜箔卷制成形。上述公元前第九千纪至前第七千纪的铜器，都是这种锤锻法的制品。阿里·科什的这件铜珠，即属于公元前第七千纪。

事实上，天然铜不宜单纯冷锻，必须加热或退火，否则将导致碎裂。在美洲苏必利尔湖（Lake Superior）地区，从公元前3000—前1400年，持续利用天然铜制作器物。其中早期即所谓旧红铜时代的铜矛，有的有半片的銎，有的有插入木柄的尖茎，都是将天然铜加热，使之变软，然后锤打做成的。其年代约在公元前3000—前1500年。在旧大陆，也有把天然铜熔化铸造为锤斧之类器物的情形。

利用天然铜，是真正的金属时代的前奏，在中国也应当有过同样的时期。尽管目前还没有这种发现，有朝一日，如果我们在中石器或新石器时代早期的地层中找到小件的红铜器，应当记得这是合乎规律的现象，不足为怪。

金属时代是以发明铜的冶炼为标志的。在中国考古学中，现代也流行"青铜时代"这个词，是由外国翻译来的。有些冶金史家对这个词并不满意，因为事实说明，青铜器的出现是比较迟的事。泰勒科特说："考古学家习惯把第一个金属时代叫做青铜时代，这是由于以往认为所有的古代铜制品都是青铜的，即铜锡合金。然而现在知道，真正的青铜时代开始以前，还存在一个很长的期间。科学分析表明，在青铜之前，人们有一个长时期使用冶炼的高纯度铜或者含一定量砷或镍的铜。"（《冶金史》第二章）中文的"铜"这一个词，可能包括红铜、青铜、黄铜、白铜等，而英文等语言没有相当的词。假如用中文"铜器时代"，就可以避免"青铜时代"一词的弊病了。

在安那托利亚的恰塔尔休于（Çatal Hüyük）遗址，曾发现有矿渣与红铜共存，年代早达公元前第七千纪，但据报告，鉴定所出铜珠，可能仍是锤锻过的天然铜。公认无疑的最早的冶炼铜，出自伊朗的雅希亚（Tepe Yahya），年代大约在公元前3800年。其他可确定的例子，多在公元前3500年以后。

含有砷、镍的红铜，可以肯定是冶炼制造的。这种标本，最早的有埃及前王朝时期的铜斧，有砷和镍的成分，估计年代为公元前4000年。巴勒斯坦卑尔舍巴（Beersheba）的铜工具，估计年代是公元前3500年，含有砷。土耳其阿穆克（Amuq F.）的铜工具，年代是公元前3500—前3100年，含有镍。特洛伊的铜工具等，年代是公元前3000年，含有砷。捷克斯洛伐克梯巴瓦（Tibava）的铜锤斧，年代、成分也相接近。

迄今在中国发现的年代最早的铜器，是1973年在陕西临潼姜寨一座房屋基址中出土的半圆形铜片。房屋的文化性质为仰韶文化半坡类型，碳十四年代经校正是公元前4675±135年。这块铜片的成分，含铜约65%、锌约25%，并有少量锡、铅、硫、铁等，属于黄铜。

在苏联的外高加索和南乌拉尔，曾经找到过含锌在32%以上的天然黄铜。在巴勒斯坦，发现过含锌23.4%的黄铜器，年代为公元前1400—前1000年，被认为是由特殊矿石加工而成。山东胶县三里河的龙山文化遗址，出土两件黄铜锥，含锌20.2%—26.4%，也含有锡、铅、硫、铁等杂质，鉴定者指出，这"说明所用原料是不纯的，熔炼方法是比较原始的，因此，很可能是利用含有铜、锌的氧化共生矿在木炭的还原气氛下得到的"[1]。临潼姜寨的铜片和这两件铜锥类似，应该也是冶炼的，不是天然黄铜。这说明，中国发明铜的冶炼，比埃及、伊朗等地要更早。

仰韶文化半坡类型的年代，和苏联靠近伊朗边境的安诺文化是接近的。安诺文化也有较多的彩陶。安诺I有红铜的针、锥和小刀，大概是用伊朗境内的天然铜做成的；安诺II有红铜的矛、斧，值得注意的是有铸铜用的范。安诺II的年代，估计在公元前4000年，和临潼姜寨铜片的时代相仿。因此，仰韶文化半坡类型出现经冶炼

---

① 北京钢铁学院冶金史组：《中国早期铜器的初步研究》，《考古学报》1981年第3期。

制造的铜器，绝非不可思议。

安诺文化一般被划为红铜时代即铜石并用时代，近来中国学者也有主张仰韶文化晚期已进入铜石并用时代的[1]，所据材料，除临潼姜寨上述例证外，有山西榆次源涡镇的一块附有铜渣的陶片，经化验含铜47.5%，应为冶炼红铜的炼渣。这一遗址晚于半坡类型，属仰韶文化晚期，估计年代在公元前3000年左右。同时也有学者提出中国没有红铜时代，这与世界冶金史的多数情况不符，能否成立还要看今后的考古发现。

中国目前最早的青铜器，是1975年在甘肃东乡林家的马家窑类型遗址出土的一件铜刀。同时发现的，还有其他铜器残片。这件刀发现于一处房屋的北壁下，保存得相当完好。它是用两块范铸造的，弧背短柄，有明显的嵌装木柄的痕迹。刀长12.5厘米，有灰绿色锈，经分析系锡青铜，含锡超过6%。有关地层的碳十四年代经校正为公元前3000年左右。

同一遗址发现的铜器残片有三块，都已风化。其中一块尚可分析，知道曾经冶炼，含锡6.47%、铅3.49%。

世界上不少地方发现过古代的低锡青铜器，年代较早的见于伊朗、伊拉克、土耳其等地区。最早的例子如伊朗希萨尔（Tepe Hissar）出土的青铜针，不晚于公元前2900年。有的学者怀疑这种青铜，如含锡不超过3%，或许是铜矿中原杂有锡而造成，不是人为加锡的结果。东乡林家的青铜，含锡高于6%，恐不能以此解释。

中国青铜器的出现年代，和两河流域、埃及相差不多。在两河流域，公元前第四千纪晚期建立的苏美尔仍然使用红铜。到公元前

---

[1] 严文明：《论中国的铜石并用时代》，《史前研究》1984年第1期。

3000年以后，才有青铜器出现，例如乌尔出土的刀片、针，基什出土的铜片，年代均介乎公元前2800—前2500年间。在埃及，青铜于公元前2600年左右的第四王朝开始出现。另外，在土耳其的阿穆克，发现一件约属公元前3000年的坩埚，其中铜渣含锡5%。

早期青铜的发现，在世界各地都是零星的。比如在埃及，只是到公元前2000年的中王国时期，才真正进入青铜时代。中国的二里头文化，即很多学者所说的夏文化，大家都认为是青铜时代，其碳十四年代经校正在公元前1890—前1670年左右，也正与之相当。

总之，中国早期铜器的发现和研究还很有限，可是从目前的材料看，铜器发展的各个阶段不会比其他古代文明更晚。这一点，自然是有很大意义的。

附带还想谈一下早期铁器，主要是陨铁器的问题。

陨铁和天然铜一样，是在自然界中存在的。它的一个明显特点是含有4%—26%的镍，是任何铁矿所不能炼出的。陨铁也不宜冷锻，需要加热或退火。热处理假如时间过长，会破坏陨铁特有的维德门施塔特氏结构，使这种结构在金相观察时模糊甚至消失，于是只能从成分论定其为陨铁。

古代的陨铁器在不少地点发现过，都是饰物或小型的锋刃器。例如埃及格尔泽（Gerzeh）的陨铁串珠，年代是公元前3500年；两河流域乌尔的陨铁短剑，年代是公元前3000年。其含镍率，前者为7.5%，后者为10.9%。陨铁器直到近现代仍为一些民族，例如爱斯基摩人，在生活中继续应用。

中国古代的陨铁器，经过科学鉴定的迄今已有4件。

1931年，河南浚县辛村发现了一组兵器，共12件，现藏于美国华盛顿弗利尔美术馆，其形制详见该馆1946年出版的《中国青铜器图释》[①]。辛村是周代卫国的公室墓地，兵器有的有铭文"康侯"，即卫国第一代诸侯康叔的封号；有的有"太保"，即周朝大臣召公的称号。这组兵器可与后来北京昌平白浮、陕西泾阳高家堡和宝鸡竹园沟、甘肃灵台白草坡等地的周初兵器相比，时代是清楚的。

辛村兵器中有一件铁刃铜钺、一件铁援铜戈。它们的青铜器基部上，都有精致的花纹，接近于商代晚期的风格。钺、戈上面镶入的铁质部分，都经过科学鉴定。钺的铁刃据化学分析含镍8.53%，电子探针分析高镍区达到22.6%—29.3%，并且观察有维德门施塔特氏结构。戈的铁援据化学分析，含镍也达到5.2%。

1972年，河北藁城台西的商代墓葬中出土一件铁刃铜钺，其时代据同出器物，是略早于殷墟时期。钺的形制比较简单，青铜基部上只饰有乳钉纹。铁刃经分析，估计含镍在6%以上。1977年，北京平谷刘家河的商代墓葬里也发现一件铁刃铜钺，时代与台西的差不多，也在公元前14世纪左右。这件钺形制更小而朴素，铁刃含镍也较高，但没有准确数据公布。

中国这几件陨铁器，年代要比埃及、两河流域等地的晚了许多，但它们有一些值得注意的特点：

第一，它们都是把陨铁锤锻成刃，嵌装在青铜的基部上，这在世界上是独特的。爱斯基摩人有以陨铁嵌在海象牙柄上的例子，据鉴定铁刃是用石锤锻成的，可是他们不知冶铸金属，更不能把两种

———————

[①] Freer Gallery of Art, *A Descriptive and Illustrative Catalogue of Chinese Bronzes, Acquired during the Administration of John Ellerton Lodge*, 1946.

金属铸接在一起。中国商代前期的青铜器，已有将部件分铸，然后铸接到一处的，这在技术上为铁刃铜兵器做好了准备。

第二，商代有不少玉刃的铜兵器，其嵌装形式与铁刃兵器近似。不过，根据现有的知识，所有玉刃兵器都是商代晚期的，比藁城、平谷两件铁刃兵器晚一个阶段。因此，玉刃兵器并不会给铁刃兵器以任何启示，实际情况毋宁说是相反。

第三，几件铁刃兵器的共同特点，是以铁用于起切割作用的部位，充分利用了铁更为锋利的性能[1]。

第四，透视浚县辛村的两件兵器，发现钺的铁刃嵌入青铜基部的部分有成排的浅穴（玉刃兵器曾发现有类似结构），戈的铁援嵌入部分则有钥匙形的榫。其目的是把铁质部分牢固地镶铸在青铜基部里面，不致因两种金属膨胀率的差异而动摇脱落。

以上几点表明，中国古人很早就了解了铁的一些性质，而且将这种知识巧妙地应用到陨铁刃兵器的制造中去。看来中国早期铁器的发展，比早期铜器更有自己的特色。

参考文献：

R. F. Tylecote, *A History of Metallurgy*, The Metals Society, 1976.

华觉明等编译：《世界冶金发展史》，科学技术文献出版社，1985年。

北京钢铁学院：《中国冶金史论文集》，《北京钢铁学院学报》编辑

---

[1] 河北省文物研究所编：《藁城台西商代遗址》，第169页，文物出版社，1985年。

部，1986年。

严文明：《论中国的铜石并用时代》，《史前研究》1984年第1期。

金正耀：《中国金属文化史上的"红铜时期"问题》，《中国社会科学院研究生院学报》1987年第1期。

西安半坡博物馆、陕西省考古研究所、临潼县博物馆：《姜寨》，文物出版社，1988年。

甘肃省文物工作队、临夏回族自治州文化局、东乡族自治县文化馆：《甘肃东乡林家遗址发掘报告》，《考古学集刊》第4集，中国社会科学出版社，1984年。

R. J. Gettens, R. S. Clarke Jr., W. T. Chase, *Two Early Chinese Bronze Weapons with Meteoritic Iron Blades*, Freer Gallery, 1971.

十八、古埃及与中国文字的起源

　　古埃及与中国的文字，起源都很早，所包含的象形成分也都比较多。在欧洲，曾有不少论作试以古埃及文字与中国的汉字相比较。最早这样做的，大约是17世纪德国的耶稣会士祈尔歇（Athanasius Kircher）。他的有关看法，是在1645年于罗马出版的作品中首次披露的。1667年，他所著《中国图说》出版于荷兰的阿姆斯特丹，书中有一章专门讨论这一问题。他认为，《圣经》所载闪的子孙率埃及人来到中国，传授了古埃及文字，中国人学得并不完全，自己又加上一些创造，结果成为另一种文字系统，就是汉字。

　　1716年，法国学者尤埃在其《古代商业与航海史》一书里，也提出类似的见解。他主张古埃及与印度互有交通，埃及文明即通过印度传入中国。他从好多方面论证中国和埃及风俗习惯的相似，对两国都使用象形文字尤为强调。另一位法国学者德梅兰的见解也差不多，他自1732年起，写信给在北京的朋友法国耶稣会士巴莱南，其中讲述了他关于古埃及文明传入中国的看法。和尤埃一样，他也强调中埃古文字都是象形文字。德梅兰的这些信件，1759年汇辑成书，在巴黎出版。

影响最大的是法国研究中国的著名学者德经（Joseph de Guignes）。德经是著《中国文典》的傅尔蒙（Etienne Fourmont）的弟子，以《匈奴突厥起源论》《北狄通史》等著作闻名于世。1758年11月，他做了题为《中国人为埃及殖民说》的讲演，不仅以汉字的象形和古埃及文字对比，而且提出汉字笔画中包含有字母结构。例如他认为汉字的"父"是由I和D构成的，应当读为Jad或Jod，这就和保存古埃及语成分的哥普特语的Jod（父）一致了。他的结论是，中国文明同希腊文明一样，是由古埃及人启发的。德经的这种说法，曾受到钱德明（Jean Joseph Amiot）等熟悉中国文化的传教士的反对，但由于他极负盛名，观点还是传播开来，以致有些后来的人把祈尔歇到德梅兰的著作都忘记了。

德经以后，做类似的对比尝试的人又有许多。如有读者愿知其详，可看日本后藤末雄所著《中国思想西渐法国史》一书的第六篇。

实际上，在德经的时候，古埃及的文字尚未得到解读。直到1822年，法国学者商博良（Jean-François Champollion）才找到解读的钥匙。中国商代的甲骨文，则是在1898年末发现、1899年才鉴定的。仅从这一点看，在十七八世纪正确认识这两种古文字的起源，以及其间有没有关系，就是不可能的。

直到很晚的年代，仍有人主张中国的汉字源于埃及，日本的板津七三郎是一个例子。他在1933年出版了一本《埃汉文字同源考》，两年后又出版其《重订及补遗》，对两种古文字做了大量的比附，甚至讲中国传说中的河图，洛出书，载负图书的龙马、灵龟都是船，是埃及文明由黄河登陆的证据。其实他不但于古埃及文字所知有限，对中国古文字也没有多少知识，著书时依靠的不过是高田忠周《古籀篇》和《朝阳阁字鉴》、《汉字详解》这样几部书。

看板津氏书的绪言，他在1911年初"偶得古铜瓶，朱紫碧绿可掬，而缘边蚀损，锈块硬着。经辛苦剥除底部青锈，见有如同绘画的阴刻原始文字，右转左回，犹难判读。对照《积古斋钟鼎彝器款识》，渐知为商代父辛尊彝铭。因如此动机，感觉考究原始文字的兴味，遂驰思于探索其起源，想到世界文字的同祖一元说"。这件"古铜瓶"见书中图版，其实是汉代的铜钫（方壶），铭文是伪刻。图版"河南发掘兽骨板"，也不是真的甲骨文。由此可知，作者是缺乏研究文字起源问题的条件的。

那么，中埃两种古文字是不是没有什么可比较的呢？

近年，由于考古工作的迅速发展，已经为探讨中国文字的起源提供了大量的新线索。1963年出版的《西安半坡》发掘报告，便初步指出仰韶文化陶器上的刻划符号可能与文字起源有关。随后，海峡两岸都有学者对这些符号做了研究。1972年，郭沫若先生在《古代文字之辩证的发展》一文中，认为仰韶"彩陶上的那些刻划记号，可以肯定说就是中国文字的起源，或者中国原始文字的孑遗"，可为这种学说的代表。1977年，唐兰作《从大汶口文化的陶器文字看我国最早文化的年代》一文，又提出大汶口文化陶器上的刻划或绘写的符号是文字。仰韶文化半坡类型的绝对年代约为公元前4000年左右，出现陶器符号的大汶口文化晚期不晚于公元前2500年。

1984—1987年，在河南舞阳县的贾湖遗址几座墓葬中，出土了3片刻有符号的龟甲和1件有符号的石器。符号的形状，和商代甲骨文很相似。遗址是相当于裴李岗文化的，年代要早于公元前5500年。

这一类陶器或其他器物上的符号，例子还有许多。对其性质，学术界正在进行讨论。

古埃及文字的起源问题，近年也有新的突破。1982年，美国出版了一本题为《埃及象形文字的先王朝起源》的书，作者是西弗吉尼亚大学的阿奈特（William S. Arnett）。他根据年代约为公元前4000—前3000年间的一批遗址的材料，对古埃及文字的起源提出了有趣的见解。他认为，古埃及文字的发祥地不在尼罗河三角洲，而在其南方尼罗河河谷地区的上埃及，先王朝时期的遗址大多分布在那里。他特别提到，先王朝时期晚期（约前3500—前3000）11处遗址都集中于上埃及。

先王朝时期居住遗址和墓葬出土的遗物，主要是陶器，其中彩陶占很大比例。很多陶器上有绘写、浮雕或刻划的符号。阿奈特认为，古埃及文字正是从这种符号发展形成的，所以他的书中有一章就题为《彩陶与陶器符号——象形文字的滥觞》。陶器符号往往和纹饰有一定关系，其渊源可追溯到公元前4000年，但陶器符号的特点是用来表示器物属谁所有，是所有关系的标志，这就不再是一种艺术的表现了。

例如，图25：①所示的是在第尔塔萨地方出土的陶片，年代近于公元前4000年。在陶片上可见两个绘写的符号。上面左边的符号像树叶形，和后来古埃及文字中的"树"字（图25：②）相似，同"扇"字（图25：③）也有些相像。这个符号本义可能就是树叶，也可能象征性地意指树木或扇子。下面的符号像由器皿中倾倒出液体，类似古埃及文字的"酹"字，后者意思是以酒沃地（图25：④）。这个符号表现液体流出的方式，和古埃及文字的"呕"字（图25：⑤）也相一致。

图25：⑥是古埃及文字的"土"字，意指土地、国土、地区等。先王朝时期陶器符号不少与这个字相像，如图25：⑦所示。

古埃及文字的"星"字作五角星形（图25：⑧）。如加上一个圆圈，则意为阴间（图25：⑨）。陶器符号有同形的，如图25：⑩系刻划而成，图25：⑪则是在陶罐上绘写的。陶器符号图25：⑫可能同上面提到的"阴间"一字有关。

图25：⑬的古埃及文字，意为牛皮，陶器符号有与此基本相同的（图25：⑭）。在纳卡达出土陶器上也有这个符号（图25：⑮），但是更复杂一些。

图25：⑯古埃及文字Ka，意为灵魂，是了解古埃及文化的人都熟悉的。图25：⑰是在塔尔坎发现的古玺印痕上面的符号，和这个Ka字几乎完全相同。陶器刻划符号也有Ka，只是简化为线条形，例见图25：⑱。

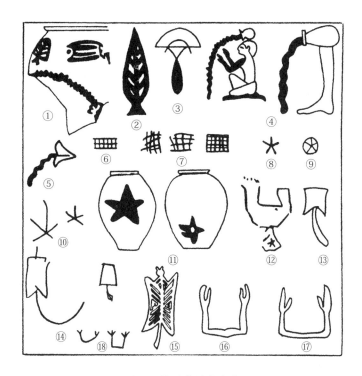

图25　埃及符号和文字

这一类例证，阿奈特的著作还列举了许多。按照他的看法，古埃及文字最常见的若干表音字，如 k、y、p、n、r、h、š、t，以及不少表示天象、地理概念的字，都能在陶器符号间找到其起源。

谈到这里，读者不难发现，阿奈特关于古埃及文字起源的学说和中国学者对中国文字起源的探索有明显的共同点：

首先，双方都认为古文字的起源应上溯到遥远的史前时代，双方所推溯的年代也差不多。

其次，都认为陶器以及一些器物上的符号是文字的前驱。陶器符号有的是图形，有的只是几何形，过去多被理解为艺术性的装饰，或者同语言没有联系的标记，但与较晚的文字结合在一起来分析，就可以看出其间的发展脉络。

再次，陶器符号总是在器物的特定部位上，而且一般限于较小的局部。比如图25：⑪所示陶罐上的"星"，便和只起艺术装饰作用的花纹不一样。中国仰韶文化的符号多在陶钵口沿下，大汶口文化的符号多在陶尊腹壁外，也不同于普通花纹。

最后，陶器符号常被用来表示所有关系，如器物属于某人或某一家族、氏族所有。有的还可能是制造器物的个人或家族、氏族的标记，这也可说是一种"所有"关系。

由此可见，古埃及文字和中国的汉字虽然是两种独立产生发展、彼此没有影响关系的文字系统，但其萌芽与形成的途径还是能够互相比较的。对这两种古文字的起源探讨研究，只要不牵强附会，确有不少值得双方借鉴参考之处。

参考文献:

李学勤:《考古发现与中国文字起源》,《中国文化研究集刊》第2辑,复旦大学出版社,1985年。

河南省文物研究所:《河南舞阳贾湖新石器时代遗址第二至六次发掘简报》,《文物》1989年第1期。

I. J. Gelb, *A Study of Writing*, The University of Chicago Press,1963.

Wayne M. Senner edit., *The Origins of Writing*, University of Nebraska Press, 1989.

William S. Arnett, *The Predynastic Origin of Egyptian Hieroglyphs*, University Press of America, 1982.

莫东寅:《汉学发达史》,文化出版社,1949年。

十九、"片云戚"的故事

这里要讲的故事，是由3次出人意料的发现构成的。

第一次发现，是在20世纪30年代。1936年，当时北平的古董商黄濬印行了《尊古斋所见吉金图初集》，书中有一件异形钺，并没有引起多少人的注意。古文字学家于省吾先生独具慧眼，对它做了专门的研究，写成《释岁》一文，收入他1941年出版的《双剑誃殷契骈枝续编》，附有钺的图形。这件钺和常见的商代钺大不一样，钺身中央有一圆孔，装秘的内已失，刃宽而呈弧形，两尖向后卷曲。于先生认为，甲骨文"岁"字作钺或钺，即这种钺的象形。他说：这件兵器"其阔刃处作弧形，有类于近世武术家所用之月牙斧，其上下刃尾卷曲回抱。由是可知，钺字上下二点，即表示斧刃上下尾端回曲中之透空处。其无点者，乃省文也"。

按"岁""钺"两字音近相通，《诗·泮水》"鸾声哕哕"，《说文》引作"鸾声钺钺"，所以把这种兵器称作钺，是合适的。

形制与这件异形钺相似的，有1933年出版的梅原末治《欧米蒐储支那古铜精华》中的一件，列为该书杂器图版九六。那件钺的样子和黄濬的钺差不多相同，但是有长方的内部。内上有一个小穿，饰卷体夔纹，类似商代的其他兵器，这也就把这种钺的时代确定了。梅原氏发表的这件钺，收藏在加拿大皇家安大略博物馆，1996年我曾观察。

近年在英国伦敦古董行有又一件同样类型的钺出现。其刃部宽展，成为弧形，刃尖也是卷曲的。钺身没有圆孔，有长方形内，内上有一穿，并有"兮"字铭文。这件钺身部有华丽的纹饰，上面是由两条生"瓶形"角的龙合成的饕餮面，龙口下是一种兽首蛇身的怪物，被龙攫于利爪之间，意象的神秘奇特，是罕见的[①]。甲骨文里有商王在兮这个地方占卜的记载，有的还提到后妃生育的事，所以兮不会离当时的王都很远，兮这个族氏应该是王朝的贵族。

以上这3件钺，共同特点是弧刃卷尖，有装柲的内。它们属于商朝，但其形制奇异，可能有特殊的来源。我们把这种钺叫作异形钺甲型。

第二次发现，是在20世纪70年代。北京的文物工作者在铜厂的废铜中细心拣选，找到了一件造型异常的钺，1982年在北京市文物工作队和首都博物馆举办的"拣选古代青铜器展览"中展出，见《中国美术全集·工艺美术编4·青铜器（上）》图版九二。这件钺身部和刃部很像上述甲型钺，也是弧刃卷尖，但身上有3个起缘的圆孔。不同的是，这件异形钺有筒状的銎，用以插柄。銎的横断面是椭圆的，上小下大，銎上有4道突起的箍。箍上缘和下缘都饰有网格纹，箍间则饰以直线纹、锯齿纹，靠中的两箍还有长方形孔。銎背中间有瓜棱形铃，上下各有一立兽。

---

① 此钺已辑入作者与美国达特默思学院艾兰教授合编的《欧洲所藏中国青铜器遗珠》，图版66，文物出版社，1995年。

这件钺传出自陕北榆林，同出一地的有一件马首曲柄短剑，剑柄上有与钺銎相似的花纹。像这件短剑的带动物首的剑或刀，在陕西绥德、河北青龙等地都出土过，是北方民族的典型器物。异形钺上的纹饰、铃、立兽等，也如北京文物工作者所说，有明显的"北方民族文化风格"，而它与甲型钺的关系又是相当清楚的。

其实，类似的钺在很久以前已经见于著录了。北宋晚年编成的《博古图》卷二十六第50页有所谓"汉片云戚"，说明云："形戚也。戚，斧属，又为乐之器。此若片云状，而两端微卷，中作三圜窍，容柄处为三耳。盖戚以玉为柲，柲即柄也。所谓朱干玉戚者，此其戚欤？"该器和北京拣选的钺同形，钺身也有3个圆孔，只是孔周起缘，有横线向刃伸出。其銎分成3截，像商代的一种长刀。"片云戚"是一个很美的名字，按照北宋人的想法，所有这种异形钺都可以叫作"片云戚"了。

直到清代，还用过"片云戚"这个名称。乾隆时的《西清古鉴》卷三十七第9页有"周片云戚"，说明云："若片云状，两端微卷，与《博古图》所载合。微异者，柄旁有铃，制如铙，振之有声，此则《乐记》谓'钟鼓干戚，所以和安乐者'是已。"这一件钺十分接近北京拣选的，不过没有立兽的装饰。

上海博物馆藏有一件钺，弧刃卷尖，钺身有两个起缘的圆孔。筒状銎上有4道箍，饰密点纹，还有两处长形孔。銎背有方形突起，很像是内①。

以上4件钺，共同特点是弧刃卷尖，有装柄的銎。它们属于北方民族，花纹有其共性。我们称之为异形钺乙型。

---

① 马承源：《中国古代青铜器》，图版十三：2，上海人民出版社，1982年。

《西清古鉴》卷三十七第6页有另一件钺，题作"周舞戚二"。它的刃也宽而呈弧形，可是没有刃角，成为卵圆形。钺身有7个圆孔，都起缘，有向刃伸出的横线。筒形銎，有3处长方形孔，并饰有直线纹、锯齿纹。銎背没有铃，而有3个很小的系环。这件兵器同乙型钺接近，无疑是同一类文化的产物。

我还见过一件钺，与"周舞戚"形近，只是钺身仅有一个起缘的圆孔，身面满布平行的横线。日本天理参考馆也有一件三孔的这种钺。

1982年，在青海湟中潘家梁出土了一件钺，与《西清古鉴》的"周舞戚"几乎完全相同[1]。现在知道，它原来是属于卡约文化的。卡约文化是分布在青海东部的一种青铜文化，碳十四测定的年代可早到公元前16世纪。潘家梁出钺的墓属卡约文化早期，推断相当于商代，当无大误。

同型的钺还有在更西的地点出土的。青海都兰的诺木洪曾发现一件，钺身有5个圆孔，其他特点都同于湟中潘家梁的那件。这个地点在青海湖以西，已经靠近东经98°线。

以上这5件钺，共同特点是弧刃无尖，有銎。它们属于西北古代民族，与乙型钺比较接近。我们把它们叫作异型钺丙型。

根据上面的叙述，不难看出，异形钺的3种型式的分布是由东至西。甲型钺在中原的商王朝，乙型钺在陕北一带，丙型钺则在青海地区。这些异形钺的时代估计都差不多，即相当于商代晚期。关于钺的来源，就要谈到我们故事中的第三次发现了。

---

[1] 李学勤主编：《中国美术全集·工艺美术编4·青铜器（上）》，图版九八，文物出版社，1985年。

1982年，在陕西偏北的淳化黑豆嘴发现了4座古墓，其中编号为CHXM2的一座，出土的一件异形钺（图26）非常特别。这件钺中心有一圆孔，起缘，有向刃伸出的横线；刃为弧形，两尖与銎相连，形成一对半圆形的孔。钺銎上小下大，呈断面为椭圆的筒形，有3个长方孔，饰网格纹，銎背有3个小系环[1]。

差不多同时，在伦敦、纽约的古董行里也出现了一件异形钺，形制和淳化的几乎全同。1990年，它在香港"中国古代与鄂尔多斯青铜器展览"上陈列，收入《青铜聚英》图录[2]。

淳化的墓，年代可由所出的爵推定。爵是有扉棱的圆底爵，接近殷墟武官村大墓的出土品，所以属于商代晚期中段。从这里，我们也就知道了这两件钺的大致时代。就类型而言，两钺和乙型、丙型钺都有区别，应单独称作异形钺丁型。

值得注意的是，丁型钺的形制有些像古代西亚和埃及流行的兵器。罗森夫人在《青铜聚英》中说，书中著录的那件钺"銎和刃虽然是铸成一体的，给人的印象却是扁平的刃部插在木柄上。用筒形銎安装木柄的斧钺，是由西方传到中国周边地区的。形制有关的斧钺已知出于黎巴嫩、叙利亚，有些例子还来自伊朗。看来它们穿越了亚洲陆地的大部分，传播到中国边境"。

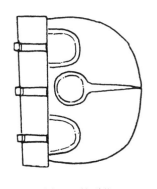

图26　异形钺

下面让我们介绍一下西亚和埃及类

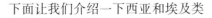

① 见《考古与文物》1986年第5期，第13页，图一：9。

② Jessica Rawson and Emma Bunker, *Ancient Chinese and Ordos Bronzes*, Catalogue No. 57, The Oriental Ceramic Society of Hong Kong, 1990.

似兵器的演变情形。

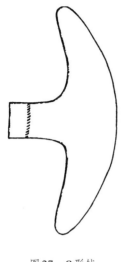

图27　ε形钺

该地区的斧钺类兵器，一般认为始于公元前第三千纪的叙利亚、巴勒斯坦地区。这是一种用内装柄的铜钺，弧刃，有向后背曲的两角。图27所示，出土于巴勒斯坦的杰里科（Jericho），类似的标本还有一些，时代在公元前32世纪至前26世纪之间。这种钺形似希腊字母ε，因而得名为ε形钺。在两河流域，阿卡德时代也出现了这种钺，并且为了加固，有的钺把内与刃角联接起来，成为后来所谓"眼形钺"的前驱。

埃及的一件前王朝时期石罐残片上，曾出现类于上述钺的图形，这要比巴勒斯坦和两河流域更早，但学者对这一孤证表示怀疑。通行的见解是，上述ε形钺系于公元前第三千纪末由西亚传进埃及。

在ε形钺出现前，埃及已经有了一种刃部作半圆形的钺，有突出的上下阑和小圆穿，用绳固定在柄上。半圆形钺到公元前25世纪，逐渐变窄，形如橘瓣，仍用绳来固定。安塔（Anta）墓葬中的石灰石雕刻和撒卡拉（Saqqarah）的壁画上，都可以看到埃及士卒使用半圆形钺。公元前21世纪后，ε形钺在埃及流行，它的内和刃角都嵌进柄内，用钉或绳固定，更便于使用（图28）。有的还有金属（如银）的柄。

公元前第二千纪前半，在叙利亚、巴勒斯坦一带，出现了所谓"眼形钺"，也传入埃及。叙、巴地区的这种钺，大多有銎，而埃及的以无銎的为主。图29上方的一件铜钺，有两个形如大眼的圆孔，不难看出是自ε形钺变化而来。它出于埃及，现藏在伦敦的不列颠博物院。下方的一件则是礼仪用的金钺，也有两大圆孔，附有金制的网状銎，属于埃及第十二王朝，藏于黎巴嫩贝鲁特博物馆。"眼形钺"在公元前第二千纪曾盛行一时。

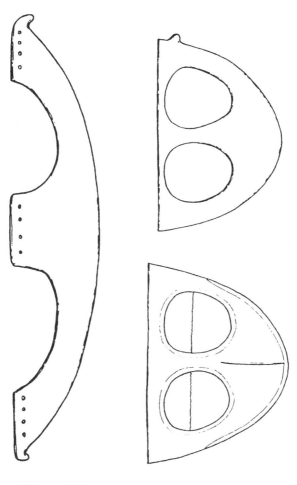

图28　ε形钺　　　　　图29　眼形钺

现在大家可以看出中国的异形钺和西亚、埃及的钺的相似性。尤其是丁型钺，和"眼形钺"中有銎的一类确颇相像。这究竟是否有传播影响的关系，目前尚难定论，因为如果这种异形兵器真有遥远的来源，就需要指出它是通过怎样的途径传来的，举出其间具体的链环。现在我们不但尚未得到这方面的足够材料，连中国境内异形钺几个类型之间的关系，情况也欠明朗，至于器物属于什么古代民族，更不清楚，这就有待将来的工作了。

自从北宋的学者把上述乙型钺命名为"汉片云戚"以来，时光已流逝了近800年，异形钺的问题仍然是一个饶有兴味的谜。我们的故事，目前也只能讲到这里为止。

参考文献：

林巳奈夫：《中国殷周时代の武器》，日本京都大学人文科学研究所，1972年。

李学勤：《北京拣选青铜器的几件珍品》，《文物》1982年第9期。

青海省文物考古研究所：《青海湟中下西河潘家梁卡约文化墓地》，《考古学集刊》第8集，科学出版社，1994年。

Yigael Yadin, *The Art of Warfare in Biblical Lands: in the Light of Archaeological Discovery*, Trans. by M. Pearlman, London, 1963.

二十、中、日、英三国出土木简

纸是中国发明的。中国在发明纸并加普遍应用以前，书写材料主要是用竹或木制成的简牍。较宽的一块块的长方版，叫作"牍"；较窄的长条，则叫作"简"。简常用丝绳或类似物品编缀起来，这称为"册"。《尚书·多士》记载，西周初年，周公告诫殷遗民说："惟尔知，惟殷先人有册有典，殷革夏命。""典"是大册，由此可知商代已经有用简编成的册了。殷墟出土的商代甲骨文，还有好多的商代金文，都有"册"字，字的形状正像以一支支简编连而成，证明当时确有简的存在。可惜至今为止，在田野工作中尚未发现商代简的实物。考古发掘所得到最早的简，是湖北随州擂鼓墩1号墓出土的，时代是战国早期，即公元前5世纪后半。近年来，中国各地简牍的发现越来越多，内容非常重要，整理和研究简牍成为特殊的一门学问，社会上对古代简牍的了解和关心也大为加深了。

简牍的衰落在东汉晚期已颇明显，但直至晋代还有不少简牍实物在考古工作中发现。《初学记》卷十一引《桓玄伪事》云，桓玄命"今诸用简者皆以黄纸代之"，代表了以纸代简的趋势。总的说来，在4世纪以后，简牍已归于消灭。1972年在甘肃武威小西沟岘曾发现一件西夏文木简，系僧侣"施食放顺"时所用[①]。这件简长20.7厘米，宽5.7厘米，恐以称"牍"为是。1990年7月，在宁夏贺兰宏佛塔中又发现一件西夏文木简[②]。这一类乃是中国古代简牍的孑遗。

简的出现无疑以中国为最早，但却不是中国独有的。与中国相邻的日本，也有长时间使用木简的历史。日本的木简开始出现的年代，中国基本上已不用简了，但两国的简彼此还是有不少相似的地方。

日本木简有传世品，即正仓院所珍藏。据大庭脩教授所述，1977年在正仓院展览中陈列了其中5件，都是献物牌，即上端略圆，并有一穿孔的木牌，上面有墨书文字，如"橘夫人""藤原朝臣袁比"等。这种献物牌，原来是系在大佛开眼会上献纳的物品上面的，所以分别记有献纳者的名号，日本学者称之为"付け札"，正仓院有约40件。另外又藏有文书木简10件，例如天平胜宝五年三月二十五日的装束司牒，长5.15厘米，宽5.4厘米，正反均有墨书文字。天平胜宝是日本孝谦天皇年号，五年即753年，中国唐玄宗天宝十二载。

出土的日本木简，最早的例子是在1930年，在秋田县仙北郡的拂田栅遗迹发现了两支。从那个时候起，木简在日本许多地方陆续出土，其中包括有飞鸟、藤原、难波、近江、长冈等宫址，太宰府、出云国厅、美作国府、周防铸铁司及伊场遗迹等地方官衙，多贺城、拂田栅等军事基地，都发现了古代木简。在福山的草户千轩

① 甘肃省博物馆：《甘肃武威发现一批西夏遗物》，《考古》1974年第3期。

② 见《中国文物报》1990年9月6日。

町遗址、福井一乘谷遗迹，还出土有日本史的"中世"甚至"近世"的木简。出土简数最多的是平城宫址，过去所出已有2万多支，有《平城宫木简》专书出版，近年闻又有新的大量发现。有关论著更是层出不穷。

在这样的条件下，日本出现了"木简学"一词。首先正式使用这个词的，是坪井清足先生。他于1974年11月，在东京大学举行的史学会第72届大会上，做了题为《木简学的提倡》的讲话。5年以后，日本的许多位学者组成了专门的学术团体木简学会，出版年刊《木简研究》。学会以岸俊男为会长，大庭脩、平野邦雄为副会长，这个阵容表明该会的研究范围不限于日本简，也把中国简包括在内。

上面说到，正仓院的木简有文书和"付け札"，实际上日本木简就主要是这样两大类。文书有的是狭义的文书，即官府间往来的文件，如有关人员的召唤、物品的请求和授受等事项。还有的是计簿之类，如钱的出纳、人员的就职的记录。"付け札"即签牌，有的是挂附在地方进纳的调庸等物品上的，记有进纳者的国郡乡里、户主姓名、税目、品名、数量、年月日等；有的则为整理保管物品时所用，如藤原京、平城京所出，记有物名和数量。

此外，藤原京出土的木简还有写宣命的，平城京出土的有抄写《本草集注》《文选》《千字文》或诗句的，据研究都是习字。

日本木简有种种不同的形制，一般不像中国简那样窄长。较标准的长约20厘米，宽约2厘米—3厘米。有些上端两侧有缺口，有些上端作圭首形而下端削尖。日本简也有像中国简那样编联成册的，只是联缀的方式不同。例如平城京出土的"考选木简"，内容是关于官吏考课铨叙的，在每支简的上端1/5处侧面有穿孔，可以穿绳将简串联起来。

以上所述，是根据大庭脩先生的论著。熟悉中国简牍的读者，不难发现中日简的许多共同处。比如，中国简很多是文书，计簿也不少。中国也有物品上所用的签牌，长沙马王堆汉墓的随葬品多系挂木签，签上墨书物品名称。在陕西西安的西汉未央宫遗址出土3万多片骨签，上刻有各地工官向朝廷进纳器物的名称、规格、工匠的姓名以及年月等，更近似日本的签牌。敦煌、居延等地的木简，习抄通行书籍如《仓颉篇》《急就篇》之类的，也很常见。

恐怕很少人知道西方也有木简，而且和中国简有可相比较之处，这便是英国的文得兰达木简。

文得兰达木简是近年一项新的考古发现。1983年在伦敦出版了简的整理报告，作者为鲍曼和汤玛斯二位，书名《文得兰达拉丁文木简》。1985年，日本《木简研究》第7号发表了田中琢氏所写《英国出土的罗马木简》，扼要介绍了这一重要发现。

大家知道，英格兰、苏格兰和威尔士合称不列颠。不列颠岛的中腰，有一条横贯东西的古城墙遗迹，名叫哈德连长墙，可称是外国的"长城"。我在英国旅行时，曾经看到过。哈德连是罗马皇帝，117—138年在位。长墙是当时罗马帝国为了防守边境建筑的，修造时间在122—125年间，即相当于中国东汉安帝延光年间。文得兰达是一座古城堡，正好位于哈德连长墙中段南侧，离长墙约1.5公里。

文得兰达城堡的初建，比哈德连长墙稍早一点。原来在后来建造长墙的位置的南边，有过一条防线，叫作斯坦凯得防线，其走向与长墙平行。防线由一系列城堡和寨子构成，城寨之间有道路联系，还有壕沟。文得兰达是这种城堡中的一个，驻有步兵，担任巡逻道路的防务。

这座城堡最初为长方形，环以土垣和壕沟，南北长1.7公里，东西宽0.8公里，驻屯约500人。到95年（汉和帝永元七年）左右，向东方扩建，成为边长1.7公里的正方形，城内有木造房舍，驻屯达1000人。哈德连长墙建造后，在文得兰达东北约3公里处修筑了附属于长墙的另一城堡，致使文得兰达遭到废弃。到160年（汉桓帝延熹三年）以后，又重建文得兰达，这次是用石筑造城垣，城里的房舍也是石筑的，城的面积则有缩小。这个城堡的使用，一直延续到4世纪。

木简的出土位置，在土筑城堡扩建的范围内，靠近南边的城垣。1973年3月，考古学者罗宾·伯尔莱在发掘中意外发现在小薄木片上有墨水写的文字，随即把它拿进室内。经过细心洗涤，看出是两个木片粘连在一起，用刀慢慢剥离开，显示出不少细小的字。这一发现，得到专门研究古代文字的学者理查·莱特的鉴定。这是文得兰达木简首次出土的情况。从1973—1975年，该处共出木简202件。

出土木简的地点，文化层共有5层，简出于由下向上数的第二层。这一层的年代，由出土货币看，上限约为95年，而据木简，其下限约为105年（相当汉和帝元兴元年）。发掘表明，当时那里是一处鞣皮作坊。房子的墙壁是用树枝编成，上涂黏土，覆盖着树枝编的房顶，周围有沟。地面是黏土的，上敷藁草。房内外留有大量垃圾，包含各种食物的残余，如禽兽骨骼、果壳等，还出有一些陶器、木器、铁器和皮革条屑。木简也出自垃圾堆中，有的带有焦痕，显然是被抛弃的东西。

文得兰达木简系用桦木或赤杨制成，一般长16厘米—20厘米，宽6厘米—9厘米，厚0.1厘米—0.2厘米。半数以上有字，是罗马帝国通用的拉丁文，内容有书信、文书、账簿三种。值得注意的是，内容性质不同，简的形制也有区别。

书信简是横着木纹放置的，分为左右两栏，按平行于木纹的方向书写。信的写法有固定格式。写好后，在简中间略左的地方刻一纵沟，然后沿沟对折。简边有小缺，可以用绳缠束，也许还可加上封印（图30）。

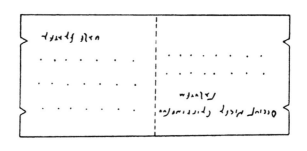

图30　书信简

文书简也横着木纹放置，同样对折，但是否分左右两栏书写，由于发现的残片太小，不能断定。

账簿简则是竖着木纹放置的，书写方向与木纹成直角。在对折后，边缘小孔中穿绳，互相缀联（图31）。

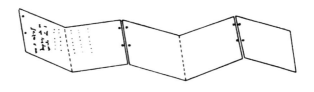

图31　账簿简

用来书写这些木简的工具，和当时写纸草纸所用相同，是一种苇茎削成的笔，蘸以煤、树胶和水制造的墨水。字体是罗马手书体，颇不易辨识。

从木简的内容了解到很多历史情况。由书信和文书，可以知道当时驻军的编制、来源、劳役及通信联系等等。账簿记载了军队的生活用品，特别是大麦、小麦、酒、肉类、调味品等食物，也是很珍贵的。

文得兰达木简的性质和内容，都很类似中国西北地区如敦煌、居延等地的简，皆在古代的防线上出土，有文书、账簿、书信等，反映了屯戍的制度和生活。就年代来说，它相当于中国东汉时期，时间也差不多。形制当然不大一样，书信、文书为长方形薄板，套用中国名词，应称为"牍"，其封缄的方法与中国的牍也有相似处。账簿将木版联缀起来，又近于中国以及日本的简册。互相对比，是十分有趣的。

在文得兰达的发现之后，英国又有几个地点有木简零星发现。另外，在意大利南部和瑞士的罗马时代遗址中，据闻也有出土。看来这方面的发现和研究还会进一步扩大。

参考文献：

大庭脩：《木简》，学生社，1979年。

大庭脩：《木简学入门》，讲谈社，1984年。

田中琢：《英国出土のローマ木简》，《木简研究》第7号。

第二部分

二十一、乾隆帝与古玉

　　清宫收藏有大量古代玉器，其间多有珍品，富于研究价值。可惜终清之世，没有一部书像《西清古鉴》著录青铜器那样，将清宫所藏玉器编成总汇性的图录。清代皇帝中最重视古玉的应推乾隆帝，在他的诗集中有若干题咏古玉的诗。可是只看诗，不一定能知道所描绘的是什么器物。好在还有不少玉器实物流传下来，上面刻着乾隆帝的御题诗文，使我们知道它们曾受到皇帝的品评欣赏，也反映出乾隆帝鉴赏这些古玉的见解水平。

　　值得注意的是，乾隆帝非常喜爱一些罕见的有奇特形制和花纹的古玉。原来，这些古玉乃是我国史前时期的遗物，其纹饰具有神秘的原始崇拜意义，殊难索解，无怪乎乾隆帝反复赏玩了。从若干实物的御题年代看，他重视这类古玉经久不衰。例如一件良渚文化玉璜，刻有乾隆庚寅春御题诗一首（见下文），庚寅是乾隆三十五年（1770）。一件可能属于山东龙山文化的玉圭，有乾隆丙午季春御题诗，丙午为乾隆五十一年（1786）。7年以后的癸丑，即乾隆五十八年（1793），又有御题诗刻在一件良渚文化玉琮上。这几件珍奇古玉，现分别藏在北京故宫博物院、文物商店总店和台北故宫博物院等处。

台北故宫博物院另有一件玉圭，也可能属于山东龙山文化，刻有乾隆帝御题及"太上皇帝之宝"玺，可知题刻时已到嘉庆初年了。由此知道，乾隆帝爱好这一类古玉直到他在世的最后几年，可谓至死弥笃。

在史前古玉上题刻，破坏了器物的原有面貌，对保存文物来说自然是不好的。不过，这类古玉的特殊宝贵价值，长时期以来是没有人认识的，时代也弄不清楚。乾隆帝以帝王身份题刻，在当时来说是提高了这些玉器的身价，从这个意义上讲，是有些好的作用吧。

让我们以上面所引玉璜为例，看看乾隆帝是怎样评骘这件古物的，然后对玉璜本身试作几点讨论。

这里说的玉璜，现藏于文物商店总店，石志廉、史希光两位先生最近曾撰文论述，并发表拓本①。璜形甚大，宽17.3厘米，高8.4厘米，上缘有两穿孔。正面饰饕餮纹，两角有侧视纹（图32），衬云雷纹地，纹上亦填加云雷纹。反面平素，刻有乾隆帝御题诗五言八句，后有阴文玺。诗是这样的：

> 半璧崟山璜，玉人追琢良。
>
> 千年出鼠朴，丙夜射虹光。
>
> 细理入毫发，奇纹隐混芒。
>
> 衡牙如饰步，声发中宫商。
>
> 乾隆庚寅春

（按，崟即密字，崟山见《山海经·西山经》。）

---

① 石志廉、史希光：《对良渚文化兽面纹璜形玉的一些看法》，《中国历史博物馆馆刊》，1987年总第10期。

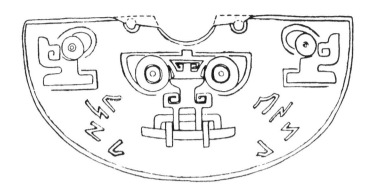

图32 乾隆帝题诗玉璜上的饕餮纹

应该说，这首诗中包含了一些正确的意见：第一，诗把这一玉器定名为璜。第二，指出其用途为佩饰，可结合"衡牙"佩用。第三，说明其花纹非常奇特，工艺精细，纤如毫发，这正是良渚文化玉器的特点。

这件玉璜不知何时流出清宫，民国初年即在北京琉璃厂古董店出现。1939年印行的福开森《中国艺术综览》（John C. Ferguson, *Survey of Chinese Art*）中收有玉璜拓本，上附王崇烈题识，其全文如下：

> 《周礼》于一切郊祀均用玉祭，必古遗制有然。自大禹铸鼎象物，而彝器多作饕餮纹，《礼记》所言"黄目，郁（原误为乐）器之上尊"所由来（原注：黄目即横目，古为一字）。后人但以饕餮释饮食之意，已不能深得古人意旨。此玉质苍坚缜润，亦精亦朴，直可定为三代以前时物，不但玉品中所未见，即金属范铸类罕有此精致之制，非昆吾之刀何能镂此？亦寓饕餮形状。余并疑此文物画像之中，尚寓有文字名词之意。观两旁之巨花纹，有今时欧文字母之体，其拉丁古文之概乎？

故乾隆御题极道镌刻之美，天章宝赞，良有以也。安得通儒，释此名宝？昔杜工部、韩吏部去古为近，而周鼓秦碑未能详说，使后人迄无定论，可见考据之学所关亦巨矣。

丁巳三月，得于海王村，福山王崇烈识。

（按，丁巳是民国六年，1917年，王崇烈在厂肆获得此璜。或传玉璜为王懿荣收藏，是不对的。）

王崇烈的题识也包含有两点正确意见：第一，他说明璜上花纹即饕餮纹，并与青铜器的饕餮纹相联系。第二，推定玉璜为夏商周三代以前之物。在对玉璜的研究上，这两点都是很重要的。

到20世纪30年代，这件珍贵玉璜又流到琉璃厂肆，著录于黄濬的《衡斋藏见古玉图》和《古玉图录初集》，从而为更多的研究者所了解。直到近年，玉璜才得到妥当的收藏和保管，不再有流失之虞。

石志廉等先生的文章已明确判定此璜属于良渚文化。1986年在浙江省余杭县反山发掘的良渚文化墓葬，获得了4件与此类似的玉璜[①]，其中两件可与上述乾隆帝题诗璜对比。一件出于23号墓，宽13.8厘米，高5.6厘米，系黄玉质。上缘也有两处穿孔，但较乾隆帝题诗璜位置靠外。正面浮雕饕餮纹，两角有侧视纹，均与乾隆帝题诗璜相同，但花纹结构简单，没有衬地，纹上亦不加花（图33）。另一件出于22号墓，形状接近"半璧"，宽12.1厘米，高7.6厘米，系青玉质，有粉白色斑。上缘背面有两处隧孔，正面浮雕有人面形冠的饕餮纹，下有双爪，两角无侧视纹，花纹有简单的加

---

① 浙江省文物考古研究所反山考古队：《浙江余杭反山良渚墓地发掘简报》，《文物》1988年第1期。

花，但没有衬地。这两件玉璜在科学发掘中出土，确证了乾隆帝题诗璜的文化性质。

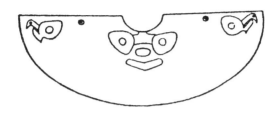

图33 浙江余杭反山23号墓玉璜上的饕餮纹

反山出土的璜都比乾隆帝题诗璜小，纹饰也不如那一件精细。同题诗璜最接近的，是故宫博物院收藏的另一件大玉璜[1]。这件玉璜宽21厘米，黄玉质，有赭色斑。上缘有两处穿孔，在肉径中间。正面饕餮纹及侧视纹均与题诗璜酷似，特别是饕餮口中有上下獠牙，是两器的共同点。花纹也是三层的，有云雷纹加填和衬地。不同的是，此璜反面也有云雷纹地，不像题诗璜那样是平素的。

乾隆帝题诗璜有一个非常特殊的地方，就是在饕餮面部两侧有类似符号的线条状纹饰。王崇烈的题识曾怀疑它们是文字，说很像欧文字母，或许是"拉丁古文"，这种猜测自然是不对的。我认为这部分纹饰实际是良渚文化饕餮爪部抽象化的遗留。图案的抽象化，系良渚文化玉器美术的一个特点。例如相当复杂的带人面冠饰的饕餮，可以简而又简，成为用线条和圆点构成的玉琮纹饰，这部分纹饰也是这样。图中所示，是美国弗利尔美术馆所藏良渚文化玉饰上的饕餮纹（图34），用粗线把其爪部几个突出部分勾勒出来，

---

① 周南泉：《故宫博物院藏的几件新石器时代饰纹玉器》，《文物》1984年第10期。

便得到和题诗璜相近的线条状纹饰（图35）。其与饕餮面部的相对位置，恰好是一致的。

图34　美国弗利尔美术馆玉饰上的饕餮纹

图35　图34饕餮爪部的线条

有些人以为史前时期的美术一定是肖生的，表现人就画出人，表现兽就画出兽，和自然的人兽很相似。这种看法不尽合乎事实。实际上，有些史前美术作品相当抽象化，呈现为费解而有神秘色彩的画面，玉璜的纹饰不过是一个例子。对于这类奇特纹饰，还需要作深入的研究。

（原载《紫禁城》1989年第3期）

二十二、余杭安溪玉璧与有关符号的分析

　　1991年前我有一篇小文，对良渚文化玉器上的刻划符号作了综合论述①。当时我所能引用的只有十件带符号的玉器，都没有明确的出土记录，只能从形制、纹饰、质地等方面推定其文化性质。这些器物是否属于良渚文化，所刻符号有无问题，有的学者或许会提出疑议。

　　其实，一件有记录的良渚文化带符号的玉器，那时已经出现了，这就是1989年在浙江余杭安溪乡出土的玉璧。1992年，该璧的照片发表于牟永抗、云希正两先生主编的《中国玉器全集》第1卷②。1993年，台湾邓淑苹女士于论文中印有经牟永抗先生核定的璧上符号摹本③。

　　据《中国玉器全集》，安溪发现的璧呈青灰色，有深色斑点。璧径26.2厘米，孔径4.2厘米，厚1.2厘米。璧两面都刻有符号，位于孔的下方，近璧缘处，正反相应。一面是在山形符号中加一冠形

---

　　① 李学勤：《论良渚文化玉器符号》，《湖南博物馆文集》，岳麓书社，1991年。

　　② 牟永抗、云希正主编：《中国美术分类全集·中国玉器全集》第1卷《原始社会》，图版二二九至二三一，河北美术出版社，1992年。

　　③ 邓淑苹：《中国新石器时代玉器上的神秘符号》，《故宫学术季刊》第10卷第3期，1993年。本文所引符号摹本均据该文。

符号（图36：①），另一面是狭长的器物形符号（图36：②）。我们称有山形符号的一面为正面，另一面为反面。

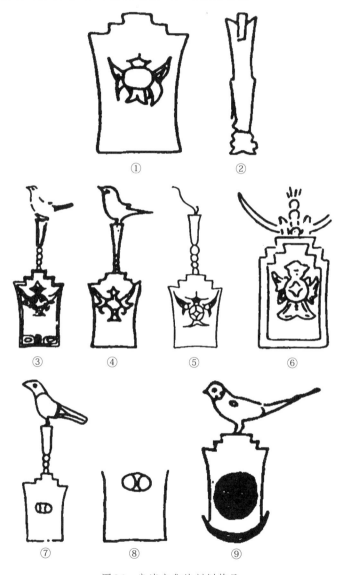

图36　良渚文化的刻划符号

安溪玉璧的出土，其重要意义首先是证明了这一类带符号玉器的文化性质。如邓文所说，安溪璧"公诸于世，才肯定这类用断续短阴线刻于璧、琮，或与琮形制有关的镯上的符号，或应属良渚文化居民的原作"。

这件璧还有一项意义，就是为进一步理解良渚文化玉器符号提供了新的线索。

我曾在几篇小文里，尝试用分析商周文字的方法和知识去释读良渚文化的刻划符号，同时我反复说明，这种释读"仅仅是一种试验。这些符号究竟是不是原始文字，和商周文字有没有联系，都是需要证明的问题"①。当然，进行这种释读的试验，并不是毫无基础的。

对良渚文化玉器刻划符号的释读，是由释读大汶口文化陶器刻划符号的努力延伸而来的。大家记得，70年代《大汶口》发掘报告出版，书中附带公布了山东莒县陵阳河出土的大汶口文化有符号陶器，在考古学、古文字学界引起强烈的反响。其后大汶口文化陶器符号陆续发现，很多学者认为可能是文字②。因此，当发现良渚文化玉器上面的若干符号同大汶口文化陶器符号相同或类似时，把它们作为文字来试行释读，实系顺理成章。

良渚文化玉器符号有以下几个特点，有利于将之理解为文字：

第一，符号仅见于一定器种，且在器物上有特殊位置。已知带有符号的良渚文化玉器，主要是璧和琮两种，此外只有个别臂圈（镯）。其他常见器种，均未见有符号。

璧上的符号，绝大多数刻在近边缘处；琮上的符号，则多在上

---

① 李学勤：《良渚文化的多字陶文》，《吴地文化一万年》，中华书局，1994年。
② 李学勤：《论新出大汶口文化陶器符号》，《文物》1987年第12期。

口外壁。符号的位置及刻划技法，与纹饰迥然不同。

大汶口陶器的符号，多见于一种陶尊，位置大多在腹壁外上部，也是有固定的器种和位置。

第二，符号有广泛的使用，除玉器外，还见于一些陶器。例如可释为"炅"字的符号，亦见余杭南湖出土的黑陶豆；可释为"封"字的符号，也见南湖出土的黑陶罐[①]；可释为"火"字的符号，又见上海青浦西漾淀出土的黑陶罐[②]。这充分表明了符号有着通用性。

第三，符号多与大汶口文化陶器符号近似。我在1991年的小文中，曾列举了良渚文化玉器符号14个，和大汶口文化陶器符号相同或相近的约有半数。大汶口文化和良渚文化在地理分布上是邻近的，其有共通的符号绝非偶然。

第四，符号的结构，和大汶口陶器符号一样，与商周文字，特别是商代的族氏铭文（有些学者称作族徽）接近。很多学者曾经指出，商代族氏铭文形象古朴，更多地保存着原始文字的形态，而良渚玉器符号恰与之相类。

值得注意的是，商代族氏铭文有时以文字相套叠，例如于"亚"字中叠加其他字，或以"亚"字同别的字相联接，共用笔画。良渚文化玉器符号也有类似的现象。

良渚文化和商文化有着很明显的联系。例如商代最流行的饕餮纹，其始源便可追溯到良渚文化，彼此间的共同点很多[③]。把良渚玉器符号和商代铭文放在一起考虑，也不是勉强凑合。

---

① 李学勤：《良渚文化的多字陶文》，《吴地文化一万年》，中华书局，1994年。

② 邓淑苹：《中国新石器时代玉器上的神秘符号》，图三六，《故宫学术季刊》第10卷第3期，1993年。

③ 李学勤：《良渚文化玉器与饕餮纹的演变》，《东南文化》1991年第5期。

商代的族氏铭文有这样几个特点，可资与良渚玉器符号比较。

首先，这类铭文主要是表示族氏，如山东兖州李宫村所出器铭作"刿"，即《左传》定公四年封鲁殷民六族中的索氏[①]。由此推想，良渚玉器上的符号也有可能表示族氏。

族氏有时是复合的，也就是说在一处铭文中有几个族氏。例如殷墟西区孝民屯墓葬群青铜器有亚共、亚受、亚罩结合，三者都是族氏[②]。良渚玉器符号的复合，或许也有类似的意义。

商代族氏铭文有的还包含有身份的名称，如上面提到的"亚"，指亚旅，即众大夫。在甲骨金文中，"亚某"是常见的，有时指个人，有时则指族氏，这是因为古人习惯以先人的名字为氏[③]。此外，铭文中又可能包含作器者个人之名，也需要注意。

安溪璧正面的刻划符号，外面的边框约略呈长方形，上端作阶级状，共有五阶。我曾说明，这一符号可与大汶口陶器符号中五峰的"山"比较，只是后者峰顶更为尖锐，所以也可理解为"山"。安溪璧这一符号里面，有另一符号，中央有圭首形，两侧有羽毛形，应释为本义为羽冠的"皇"。

综观安溪璧的符号，可与下列几件良渚文化玉器的符号相比：

（一）美国华盛顿弗利尔美术馆藏二号璧[④]（图36：③）：所刻

① 郭克煜、孙华铎、梁方建、杨朝明：《索氏器的发现及其重要意义》，《文物》1990年第7期。

② 李学勤：《考古发现与古代姓氏制度》，《考古》1987年第3期。

③ 李学勤：《考古发现与古代姓氏制度》，《考古》1987年第3期。

④ 弗利尔美术馆藏带有符号的良渚文化玉璧一共四件，这里说的编号依邓淑苹：《中国新石器时代玉器上的神秘符号》，《故宫学术季刊》第10卷第3期，1993年。

符号下半与安溪璧正面符号相仿，只是"山"用复线勾勒，"皇"的线条也复杂些。此外，在"山"的下端另有一符号，似饕餮纹鼻目之形，我在1991年小文中释之为"眲"[①]。

弗利尔二号璧符号的上半，中为串饰之形，试释作"珏"；顶上系鸟形，即读为"鸟"。

（二）北京首都博物馆藏琮（图36：④）：所刻的一处符号，和上述弗利尔美术馆二号璧的符号非常近似，但没有复线勾勒，又没有下端"眲"这个符号。

（三）台北故宫博物院藏璧（图36：⑤）：此璧曾经改制，以致符号鸟形的一半磨泐[②]。整个符号和首都博物馆的琮相同，不过"皇"的线条略繁一些。

（四）法国巴黎基美博物馆藏琮（图36：⑥）：即吉斯拉旧藏的琮。此琮的一处符号，下半和弗利尔二号璧几乎全同，有复线勾勒，只是没有"眲"字。

此琮这处符号的上半，中间也有"珏"，其两侧有角形符号，由于磨泐，上面是否有"鸟"，已不知道。

（五）弗利尔美术馆三号璧（图36：⑦）：下半边框仍是五峰的"山"，而所加符号是"目"。上半有"鸟"和"珏"，与上述几件相同。

（六）弗利尔美术馆四号璧（图36：⑧）：此璧也经过改制，所刻符号上面大半被切去，从剩余部分看，和三号璧一样。

（七）弗利尔美术馆一号璧（图36：⑨）：璧上的一处符号，

[①] 这个符号或许只是装饰。

[②] 李学勤：《海外访古续记（八）》，《文物天地》1993年第6期。

下半"山"内所加符号是"炅"。按"炅""山"的结构，在大汶口文化陶器上屡见，作"炅"在"山"上方，彼此相接，而此璧"炅"叠压在"山"中间。

符号上半是"鸟"，但是没有"珏"。参考台北故宫博物院的一件琮有单独的"珏"字，知道"珏"和"鸟""山"并非一体。"珏"像玉饰下垂串珠，也很难理解为柱形物的表现。

现在把上引七件玉器的符号，加上安溪玉璧，排列如次：

（一）	鸟	珏	山	皇	昍
（二）	鸟	珏	山	皇	
（三）	鸟	珏	山	皇	
（四）	……	珏	山	皇（另有角形）	
安溪璧			山	皇	
（五）	鸟	珏	山	目	
（六）	……	……	山	目	
（七）	鸟		山	炅	

细看此表，不难发现安溪璧的符号有"山"而无"鸟"及"珏"，这证明良渚玉器这一类符号的每一个因素都是可以分离的，不能以之作为一种整体的图像来认识。

这里还应该特别说一下玉器符号中的"皇"字。在过去的小文中，我曾经提到，在莒县陵阳河和南京北阴阳营出土的陶尊上，都发现过"皇"字[1]，形状与玉器上的大同小异，"可能就是文献所载'皇'的象形"[2]。最近杜金鹏先生对"皇"有详细论述，认为"皇

① 李学勤：《论新出大汶口文化陶器符号》，《文物》1987 年第 12 期。

② 李学勤：《论良渚文化玉器符号》，《湖南博物馆文集》，岳麓书社，1991 年。

字的本义，是以鸟羽为饰的皇王冠冕，喻指神界或人间的最高统治者"①。"皇"在玉器符号中是指至上的神，还是指这种文化先民的统治者，很值得进一步研讨。

以上所论，推测的成分居多，这是因为所研究的对象时代古远，我们已有的知识还十分有限。请允许我再申说一次，释读仅系试验，不当或过分之处，希望读者指教。

（原载余杭市政协文史资料委员会等编：《文明的曙光——良渚文化》，浙江人民出版社，1996年）

---

① 杜金鹏：《说皇》，《文物》1994年第7期。

二十三、论养侯玉佩

　　故宫博物院收藏的玉器珍品，有一件青玉鸟形佩，已著录于《古玉精萃》图版11[1]。这件玉佩系清宫旧藏，高8.4厘米，宽4.2厘米，厚0.4厘米。其造型优美，制作精工，属典型的殷商风格，如图录所说，与殷墟妇好墓所出器物极相近似（图37）。

图37　玉佩拓本

---

① 故宫博物院编：《古玉精萃》，图版11，上海人民美术出版社，1987年。

图38　玉佩铭文

玉佩通体为鸟形，冠部有小系孔，正反面各刻一字，字体同于商代甲骨金文（图38）。两字应联读作：

羛侯。

"侯"字与甲骨文一样，易于辨识，"羛"字则须细看，才能分析。这个字中间从"羊"，下边左右各从一"支"，方向相反。按妇好墓青铜器上的"好"字，"女"旁每每左右对称，一正一反①，与此同例。在商代金文中，还可找到一些类似情形，都是追求文字的美术效果。《殷墟妇好墓》的作者已经指出，这实际是"一种'艺术'字"。

"羛"字见于《说文》，是古文"养"。《说文》所载字形，从"支"甚明，《玉篇》收入"支"部，是正确的。后世有的学者提出怀疑，如清人萧道管《说文重文管见》把它说成从"羊"，从"食"省，从"又"，未免迂曲。现在知道商代已有此字，就不必多加猜测了。

甲骨文有"某侯"，也有"侯某"，但玉佩有正反面，喙宜向左，所以其文字只应读为"养侯"，不可念成"侯养"。"养"在这里，显然是封国之名。考虑到玉佩的风格同于殷墟所出，养与王朝的关系当很密切。

周代有养，系楚国地名，养氏即得氏于此。《左传》昭公三十

① 中国社会科学院考古研究所：《殷墟妇好墓》，图六〇、六二，文物出版社，1980年。

年载：

> 吴子使徐人执掩馀，使钟吾人执烛庸，二公子奔楚。楚子
> 大封而定其徙，使监马尹大心逆吴公子，使居养。

清人《春秋传说汇纂》云沈丘县东有养城，即其地[1]。杨伯峻先生《春秋左传注》据称：

> 养当在今河南沈丘县今治南沈丘城之东，临安徽界首县
> 界。[2]

商代的养国可能就在该处。

沈丘县境周围，如河南的淮阳、罗山，安徽的阜阳等地，都有商代器物发现。1983年，笔者和河南师范大学（今河南大学）郭人民教授等到淮阳，曾看到当地所出商代玉器，殊为精美，也具有类似殷墟的风格。

商代的玉质佩饰，有时刻有物主名号，如黄濬《古玉图录初集》有"小臣妥"玉饰。金祖同《殷虚卜辞讲话》有"妇㛮"玉饰。青玉鸟形佩所刻"养侯"，便是佩的主人。

"羕"即"养"，这个字，也见于殷墟甲骨文，其用法不一。有的很清楚是地名，比如《殷契遗珠》901：

---

① 江永：《春秋地理考实》，《清经解》卷二五四。
② 杨伯峻：《春秋左传注》，第1507页，中华书局，1993年。

……往于养。

又如《殷虚书契续编》5，7，9（《甲骨文合集》11003）：

癸酉卜古贞，呼祝取虎于养鄙。

从养有鄙来看，应系国名，足与玉佩相印证。这两版都是武丁时的宾组卜辞。

《戬寿堂所藏殷虚文字》33，15：

癸巳卜，令养乡（飨）。

是自组卜辞。辞中的"养"是国名，还是个人，就不易判断了。

《殷契拾掇》2，132：

戊戌贞，右养于片攸侯由鄙。
中养于义攸侯由鄙。

商代王朝军队有右、中、左三师[1]，这里占卜的是军中行事，可惜关于左的一辞已经折去了[2]。

《拾掇》此版属于历组卜辞。辞内的"养"显然是动词。按"养"有炊烹之训，军中司炊烹之卒即称为养[3]，这里所讲的是三

---

① 王贵民：《商周制度考信》，第220—221页，明文书局，1989年。

② 李学勤：《殷代地理简论》，第51页，科学出版社，1959年。

③《经籍籑诂》卷五二。

师分别在攸侯由鄙的片、义等地炊烹用饭，和作为国名的养没有
关系。

1978年，陕西西安袁家崖一座相当殷墟后期的墓中出土的青
铜爵，有"右养"铭文①。"右养"是商代青铜器多见的族氏②，其
"羖"字所从之"支"常从"殳"作。这个族氏的来源可能是司炊
烹的职官，和养国恐怕也没有什么关系。

《殷虚文字乙编》409是一版自组卜辞，《甲骨文合集》20017
在此版左侧缀一小片，尚待核实。在此版下端有一辞为：

> 戊午卜㞢，令羖人擒羖伯薧（农）。

第六字从二"羊"，应即从"羴（羶）"，此字甲骨文屡见，请
看《殷墟卜辞综类》第215页。它和"羖"同见一条，当系一字。
"羖伯农"是人名，辞云命其国人（或族人）擒之，事例在甲骨文
中很是罕见。

《乙编》409可参照《殷虚书契后编》下33，9：

> 丁卯卜宾贞，奚羖伯盬，用于祊。

同书下22，12与之有关，都是宾组卜辞。"盬"字见于《说
文》，即"脘"字。因此，"奚羖伯脘"当与《乙编》409的"擒羖
伯农"是一回事，不过文字互有通假而已。

---

① 李学勤：《商青铜器对西土的影响》，《李学勤集》，第127—128页，黑龙江
教育出版社，1989年。

② 容庚：《金文编》，附录上468，中华书局，1985年。

　　"𦎧"字象以绳索系羊之形，或释作"羊"，不足据。假设上引卜辞中的"𦎧"字是"养"，那么和它通假的"𦎧"亦从"羊"声，可读为"养"。

　　这一点相当重要，因为和甲骨文里的一个方国——𦎧方大有关系。

　　在武丁时宾组卜辞中，王曾命人进入该地，见《殷虚文字甲编》3510：

　　　　癸巳卜宾贞，令众人入𦎧方圣田。

　　此方国又与舌方联合，和王朝为敌，如《甲骨续存》1，351：

　　　　……舌……其以𦎧方。

　　在历组卜辞中，此方国与召方联合，见《邺中片羽》1下40，2（《战后京津新获甲骨集》4382）：

　　　　癸巳□，于一月伐𦎧眔召方，受祐。

　　到了更晚的无名组卜辞，此方国仍为王朝的敌人，与羌方、叡方、𪮷方、系方等并称；而商末的黄组卜辞，只以叡方、羌方、羞方、𪮷方合称"四邦方"，𦎧方的名字已消失了。这些问题，过去我在《殷代地理简论》里做过试探性的讨论[1]。

---

　　① 李学勤：《殷代地理简论》，第81—82页，科学出版社，1959年。

羏方究竟能否读为养方，目前尚难确定。也许《乙编》409的"羏"字只是偶然省从"羊"作的"戴"字，这样此字便不是"养"，"羏"字也不与"养"通假。即使能够读作养方，与沈丘的养国也未必有涉。这就像周代有在今河南南阳的申国，又有作为西戎的西申，不得混为一谈。

养侯鸟形玉佩是已知属于商朝诸侯的罕见玉器，十分珍贵。玉佩出自何地，无法知道。由于养侯应系王朝分封，这件玉器原出殷墟，是不无可能的。不过从近年的发掘来看，商代玉器有些在周代墓中发现，其间便有带文字的，养侯玉佩如也传流到周代，在哪里出土更无从推定。

（原载《故宫博物院院刊》建院七十周年纪念特刊，紫禁城出版社，1995年）

二十四、鸟纹三戈的再研究

辽宁省博物馆收藏的三件鸟纹铜戈，原为罗振玉氏所藏，曾誉之为"天壤间无偶之至宝"①。王国维撰文研究，收入其《观堂集林》②。三戈拓本著于《周金文存》《梦郭草堂吉金图》《三代吉金文存》等书，人所习见；照片则过去只有50年代印的画片，近年才在《辽宁省博物馆》③和《中国美术全集》④中收入精美的彩色版。

三戈的出土时间大约在辛亥革命前后，地点则有不同说法。1917年，罗振玉题拓本云："近年出保定之南郊。"王国维题识也说："出直隶清苑之南乡。"即今河北保定一带。1923年，罗氏书言"易州估人云此三句兵亦出易州，当时即售之保定，故人传为保

① 王国维：《王国维遗书》第1册，册首《钟鼎题跋遗墨·商句兵》罗振玉题字，上海古籍书店，1983年。

② 王国维：《商三句兵跋》，《观堂集林》卷十八，《王国维遗书》第3册，上海古籍书店，1983年。

③ 辽宁省博物馆：《辽宁省博物馆》，5，三勾兵，文物出版社，1983年。

④ 李学勤主编：《中国美术全集·工艺美术编4·青铜器（上）》，七四，文物出版社，1985年。

定所出"①，从而王国维《商三句兵跋》也改称"出直隶易州"②，即今河北易县。易县之说，可能较为可信。此外又有出河北平山县的一说③，恐无确据。

罗、王以后，许多学者注意到这项珍贵文物。郭沫若先生曾引用三戈上面的铭文，论述当时社会制度④，并据戈铭以论《大学》所载汤盘，引起温廷敬、杨树达等学者的讨论⑤。1950年，董作宾在台湾发表论文⑥，因戈铭走向与下刃位置背反，对三戈真伪表示疑问。那时我未能读到董文，但1957年在一篇小文中也有同样看法⑦。该文刊出后，于省吾先生即驰书相责，使我深觉惶恐。实际上，陈梦家《殷虚卜辞综述》已引《尚书·顾命》"执戈上刃"语⑧，解决了戈铭走向的问题。现撰此文，对这三件戈重加论述，以盖旧愆。

三戈成组，长度分别为①27.5厘米，②27.6厘米，③26.1厘米。形制相同，但①与②更为酷似。戈内作歧冠鸟形，鸟首向内端，有上下阑，直援微胡。铭文铸于援上，直书向右排列，分别为①7

① 王国维：《王国维遗书》第1册，册首《钟鼎题跋遗墨·商句兵》罗振玉题字，上海古籍书店，1983年。

② 王国维：《商三句兵跋》，《观堂集林》卷十八，《王国维遗书》第3册，上海古籍书店，1983年。

③ 陈梦家：《殷虚卜辞综述》，第十四章，第499页，科学出版社，1956年。

④ 郭沫若：《中国古代社会研究》，第三篇第二章第一节，《郭沫若全集》历史编1，人民出版社，1982年。

⑤ 孙稚雏：《青铜器论文索引》，第90页，中华书局，1986年。

⑥ 董作宾：《汤盘与商三戈》，《文史哲学报》1950年第1期。

⑦ 李学勤：《论殷代亲族制度》，《文史哲》1957年第11期。

⑧ 陈梦家：《殷虚卜辞综述》，第十四章第七节，科学出版社，1956年。

行22字，②7行24字，③6行19字。

戈的时代，罗、王定为商，郭沫若先生《中国古代社会研究》云商代末年，这一点可以从戈的纹饰、字体两方面来证明。戈内上的纹饰是镂空的小立鸟，有略向后披垂的歧冠，卷喙，后曲的躯体，大爪和上卷的垂尾。这种鸟纹可与陈公柔、张长寿先生对商周青铜容器鸟纹的研究联系对比[①]，戈上小立鸟最近于其I 9式，特别是图谱193、194。图谱194出于陕西扶风云塘20号墓祖丁尊[②]，193则出于陕西宝鸡斗鸡台发现的鼎卣和其他一些器物，陈、张二先生定之于商末以至成康时期。再看戈铭的字体，"癸""戊""丙"等字写法都是较晚的，不早于商代末期即相当黄组卜辞的时期，但笔画全然没有所谓"波磔"。"父"字的笔意比保卣更为古朴。结合戈的形制只有微胡考虑，年代置于商周之际，商代末年或许还是更为合适的。

戈形制上的一个特点是阑侧和内部都没有穿，这和援面铸字一样，不适于戈的实用。《殷虚卜辞综述》说："铭文顺读时，刃向上，可知此等铸铭的戈不是实用的，而是陈设用的仪仗，如《顾命》所谓'执戈上刃'。"按《顾命》记成王崩、康王继位之事，文云："四人綦弁，执戈上刃，夹两阶戺。"所执"上刃"之戈是一种仪仗，陈氏说是合理的。从时代来讲，三戈和《顾命》相距也不很远。

附带说一下，有些礼仪中用的玉锋刃器，如美国弗利尔美术馆

---

① 陈公柔、张长寿：《殷周青铜容器上鸟纹的断代研究》，第268—269页，《考古学报》1984年第3期。

② 陕西省考古研究所、陕西省文物管理委员会、陕西省博物馆编：《陕西出土商周青铜器（三）》，六九，文物出版社，1980年。

所藏可能属龙山文化的琢纹玉刀，察其纹饰方向，刃也是朝上的。礼仪用锋刃器"上刃"以示不付实用，可能有久远的渊源。

三戈上的铭文，如王国维所说，是"蝉嫣相承"，释文如下：

①大祖日己　祖日丁　祖日乙　祖日庚　祖日丁　祖日己　祖日己

②祖日乙　大父日癸　大父日癸　仲父日癸　父日癸　父日辛　父日己

③大兄日乙　兄日戊　兄日壬　兄日癸　兄日癸　兄日丙

这可视为一种家谱，所以《殷虚卜辞综述》以之与《库方》1506（即《英藏》2674）家谱刻辞并论[1]。由于亲属制度对古代社会结构的研究有非常重要的意义[2]，三戈铭文实有珍异的价值。

戈铭家谱究竟包括几个世代，是首先要确定的问题。称"父"和"兄"的各为一个世代，是不言自明的，问题在于对称"祖"的如何理解，因为商周人所称的"祖"不限于一定世代。但看"父""兄"两代分别冠以"大父""大兄"，可推知"大祖"只是一代中居长者，并非远祖、始祖之义，所以戈铭最好理解为三代，而不是更多。

三个世代中各人均用庙号，按照商至周初的风习，他们在当时都是已死的。值得注意的是在庙号天干前面一律有一"日"字。这

---

[1] 参看李学勤：《关于英国所藏甲骨的几件事》，《书品》1987年第2期。

[2] 参看舒茨基（Ernest L. Schusky）：《亲属分析法手册》（英文），1965年。

种例子在殷墟卜辞中少见，只有1971年小屯西地出土胛骨有"日丙""日丁"[1]；在商末至周初金文中却比较多，如殷墟孝民屯出土的一些器铭[2]。

还应注意到，在戈铭中三代庙号所用日干是不平衡的，最多的是癸，计六见，其次己四见，乙三见，丁二见，这四干都属于柔日。张光直先生曾统计商周青铜器所见庙号日干，结果乙、丁、己、辛、癸五柔日占全数的86%[3]，与戈铭所见相合。这种现象自然不是偶然的，乃是当时礼俗的一种反映。戈铭父的一代有四人均名"癸"，是很有趣味的。有些学者认为以日干为名是表示排行次第，那么戈铭"父日己"就是第56人，这显然不合情理，所以三戈的存在足以排除次第说的可能性。

王国维《商三句兵跋》云："所云大祖、大父，大兄，皆谓祖、父、兄行之最长者。大父即《礼·丧服经》及《尔雅·释亲》之世父。古世、大同字，如世子称大子，世室称大室，则世父当称大父，非后世所谓王父也。"王氏对大祖等称谓释为行辈中之最长者，基本是正确的，对戈铭表现的亲属系统则尚未多作分析。

《尔雅·释亲》说："父之昆弟，先生为世父，后生为叔父。"郭璞注："世，有为嫡者嗣世统故也。"清郝懿行《尔雅义疏》云："《释名》云：'父之兄曰世父，言为嫡统继世也；又曰伯父，伯，把也，把持家政也。父之弟曰仲父，仲，中也，位在中也。仲父之弟曰叔父，叔，少也。叔父之弟曰季父，季，癸也，甲乙之次癸最

① 中国社会科学院考古研究所：《小屯南地甲骨》，附2、3。

② 李学勤：《考古发现与古代姓氏制度》，《考古》1987年第3期。

③ 张光直：《中国青铜时代》，第179—180页，生活·读书·新知三联书店，1983年。

在下，季亦然也。'然则《尔雅》不言仲父，季父者，亦略之。……世父、叔父俱有父名者，《丧服传》曰：'世父、叔父何以期也？与尊者一体也。'"可知古人对于父辈有伯、仲、叔、季之分，伯父或称世父，是因为有继承权。

伯、仲、叔、季之称起源甚早。《尚书·尧典》有羲仲、羲叔、和仲、和叔。《左传》定公元年有薛之皇祖奚仲，传为夏禹时人。商先公有季，汤之相有仲虺。生存在商朝晚年的周太王，其子有太伯、仲雍、季历。至于殷墟卜辞人名，尚少发现有用伯、仲、叔、季的，这可能是在神或王前不宜用伯、仲等称，只能单称名的缘故。

按照《尔雅·释亲》和《释名·释亲属》，诸父的称谓是：

世父—父—仲父—叔父—季父

戈铭则系：

大父—仲父—父

考虑到大（世）父相当于伯，戈铭的排列显然更为合理。在这里，"父"不指生父，而是叔、季等父的简约，和《释亲》省去仲、季是相似的。

和戈铭类似的排列，见于殷墟卜辞的子称。在自组、宾组卜辞中，有"小王""仲子""大子"等称呼[1]。据考"小王"即"大

---

[1] 陈梦家：《殷虚卜辞综述》，第十四章，第484—485页，科学出版社，1956年。

子",而《京都》1294"小王"与"仲子"对举。看来子称的排列可能是：

大子（小王）—仲子—子

正好和戈铭父称对应。"仲子"一词也见于商周间金文及《逸周书·王会》（作"中子"），兹不详论。

需要解释的是戈铭何以有两个"大父"。《殷虚卜辞综述》说："我们若以'大且（祖）''大父''大兄'为大宗的称谓，则无解于两个'大父'的并立。"对此没有作出说明。按"大父"乃父辈中之居长者，而长者实可有二。以《春秋》经传所载鲁国谱系情况为例，鲁桓公之子有庄公、仲庆父、叔牙和季友，庆父后裔称为孟氏。《左传》文公十五年杜预注释"孟氏"云："孟氏，公孙敖家。庆父为长庶，故或称孟氏。"疏："公孙敖，庆父之子。杜以庆父与庄公异母，庶长称孟，虽强同于适（嫡），自称为仲，以其实是长庶，故时人或称孟氏。"另外隐公元年疏也说："孟、伯俱长也。《礼》纬（据《礼记·曲礼》疏见《含文嘉》）云'庶长称孟'，然则适（嫡）妻之子长者称伯，妾子长于妻子则称为孟，所以别适（嫡）庶也。"因此，戈铭两"大父"的并立很可能即一嫡出一庶出，只是在称谓上没有细加区别而已。商代晚期已注重嫡出、庶出的分别，从《史记·宋世家》所载微子启的故事即可证明，这是大家所熟知的。

总之，戈铭上的谱系虽与后世制度有所差异，业已具备宗法的一些基本因素。看文献中春秋时列国尚多有不合礼制的现象，商周之际这样北的地区有此制度，应该说是相当进步了。

最后还要谈到三戈的国属问题。王国维跋云："其器出易州，当为殷时北方侯国之器，而其先君皆以日为名，又三世兄弟之名先后骈列，皆用殷制，盖商之文化时已沾溉北土矣。"又据王亥、有易之事，论述"今易州有殷人遗器固不足怪"，都很精辟。不过他根据涞水张家窪出北伯器，以为北即邶，而邶即燕[①]，还是值得商榷的。因为邶、鄘、卫本为周初三监所治商故王畿之地，张家窪北伯器虽属西周前期，却难早到三监之时，三监时也未必有邶伯之封，加以等同终无确证。无论如何，近年考古工作已证明商文化北延至河北北部[②]，三戈之属于商文化，为商朝北方侯国之器，可以视为定论。

（原载《辽海文物学刊》1989年第1期）

---

① 王国维：《北伯鼎跋》，《观堂集林》卷十八，《王国维遗书》第3册，上海古籍书店，1983年。

② 文物编辑委员会编：《文物考古工作三十年 1949—1979》，第38页，文物出版社，1979年。

二十五、谈长江流域的商代青铜文化

近年在长江流域各地，上自四川，下至浙江，陆续出土了许多具有明显殷商文化色彩的青铜器，有些发现还是集中的、大量的。这些发现使人们对长江流域的古代文化面貌有了全新的认识，也在研究上带来一系列重要问题，包括方法论性质的问题，引起了种种怀疑和争论。

1988年，我有一篇题为《非中原地区青铜器研究的几个问题》[1]的小文，其中想法有这么几点：

第一，中原以外的青铜器，不能简单地以中原青铜器的序列作为标尺。中原地区（广义的）青铜器的演变序列，从夏商到秦汉时期，总的发展脉络已经清楚了。这一序列在多大程度上可移用于非中原地区，有待论证研究。

第二，非中原地区的青铜器，每每有不同的文化因素并存。中原传来的文化因素多表现于礼器，土著固有的文化因素则多表现于兵器、用器。

---

[1] 李学勤：《非中原地区青铜器研究的几个问题》，《东南文化》1988年第5期。

第三，中原文化因素的传播，需要有一定的过程，但从已有可判别的材料看，当时这种传播是相当迅速的。中原以外的青铜器，如其形制、纹饰都与中原类同，制作年代相差不会很远。

第四，中原文化因素传播到中原以外，有时会保存到后来很晚的时期。不过，这种滞留下来的文化因素只能是个别的，或者是经过变形的，没有论据证明会系统、完整地保存传流[1]。

第五，中原地区和非中原地区间的文化影响关系，是双向的，不是单向的。事实证明，由青铜器体现的文化因素，有时是在中原以外首先出现。以为一切文化因素总是中原早于非中原地区的看法，是不对的。

下面拟以上述几点为基础，对长江流域的有关青铜器谈一些意见，向读者请教。

长江流域的商代青铜器，最早引起学术界注意的，是在湖南。

早在二三十年代，湖南已有商代青铜器出土。其间著名的，有安化的虎食人卣、桃源漆家河的"皿父乙"方罍、宁乡月山铺的四羊方尊等。远到湘西的凤凰，也有发现这一时期器物的传闻。1964年印行的《湖南省出土文物图录》[2]，所收尤为琳琅满目。当时，有学者认为这些青铜器是殷遗民甚至更晚的人们带过来的。可是这类器物越出越多，不少是经过正式发掘的。1981年，高至喜先生作《"商文化不过长江"辨》[3]，对有关发现进行总结，指出这些青铜器属于商代，而且绝大部分是在本地铸造。

---

① 参看本书第七、八节。

② 湖南省博物馆编：《湖南省出土文物图录》，湖南人民出版社，1964年。

③ 高至喜：《"商文化不过长江"辨——从考古发现看湖南的商代文化》，《求索》1981年第2期。

高文对湖南商代青铜器在器种、形制、纹饰等方面的特点，有概要的综括叙述。很多器物，特别是大型、精美的，出于山间水际，无其他文化遗物共存，因而被推测为祭祀山川诸神所用。这样特殊的文化现象，在湖北也屡有发现，如阳新的大铙、崇阳的铜鼓，均在靠近湘、赣之处。

黄陂盘龙城的发现，无可辩驳地表明二里岗期商文化已经到达长江，那里所出青铜器很多，也很典型。不过这个地点（以及随州等）究竟较北，靠近河南省境，与湖南距离尚远。

实际上，如高文所说，湖南境内相当于商代的遗址很多，问题是同青铜器难于联系。直到前几年，这一问题才有解决的苗头。

1990年9月，在湖南津市涔澹农场清理了一座墓，编号90津涔M1①。这是颇有特色的土坑竖穴墓，有一条墓道，墓室分为前室、后室，系中原地区所未见。墓中出爵、觚一组，爵为圜底，腹饰有立羽的饕餮纹，加雷纹带。觚有丝织品印痕，腹足饰有立羽的饕餮纹，也有雷纹带。器的年代，显然是殷墟早期。在墓的填土里面，有泥质红陶片和少数灰陶片，有的拍印有正方格或斜方格纹。

这个地点在涔、澹二水交汇处，距著名的石门皂市、澧县斑竹等遗址不远。有学者曾对澧水流域的商代文化做出分析，称之为"澧水遗存"②，并论及这种遗存陶器的方格纹。津市的青铜器墓同典型商文化有一定差别，与"澧水遗存"关系如何，值得探讨。无论如何，这给我们进一步发现湖南青铜器和其他遗存的联系，带来了不小希望。

---

① 谭远辉：《湖南涔澹农场发现商代铜器墓》，《华夏考古》1993年第2期。

② 王文建：《商时期澧水流域青铜文化的序列和文化因素分析》，《考古类型学的理论与实践》，文物出版社，1989年。

湖南、湖北这类青铜器发现，还可以扩大到更南的地方。湖南境内最南的地点，是常宁。广西北端的兴安，曾收集到一件卣。武鸣勉岭出土的卣，同出有可能同时代的戈，据称出土地有土坑痕迹，但性质不明。

值得提到的是，1974年在贴近广西的广东信宜光头岭发现一件盉①，"铜盉在接近山顶的一个窖坑中发现。坑内土质松，呈红褐色，坑外土质坚硬，呈红色，坑的下部为五花土"，没有发现其他遗物。这和许多湖南青铜器的出土情况十分相似。

如有的学者所指出，信宜这件盉与上海博物馆的一件、《金匮论古初集》的另一件，大体相同②。信宜的盉，鋬部作镂空夔龙形，与另两件有别，细看不能起鋬的作用，是否原形如此，尚值得考虑。从形制与纹饰的特征看，盉适于排在西周初年。

四川广汉三星堆两处器物坑中的尊和罍，大多与湖南、湖北所出类似。情况不同处在于三星堆这里是一个范围广大的遗址，城垣、房屋基址、作坊遗迹等等，无所不有，器物坑乃是整个遗址的组成部分。因此，这里有充分条件做层位学和类型学的分析。遗址的陶器序列已经有了统系③，有关地层的碳十四年代也做了一些④。三星堆遗址又不是独立的，附近有若干遗址足供参照。这些目前在

---

① 徐恒彬：《广东信宜出土西周铜盉》，《文物》1975年第11期。

② 陈佩芬：《记上海博物馆所藏越族青铜器——兼论越族青铜器的纹饰》，《上海博物馆集刊》第4期，上海古籍出版社，1987年。

③ 四川省文物管理委员会、四川省博物馆、广汉县文化馆：《广汉三星堆遗址》，《考古学报》1987年第2期。

④ 中国社会科学院考古研究所编：《中国考古学中碳十四年代数据集 1965—1991》，第224—226页，文物出版社，1992年。

湖南等地还没有具备。

确定三星堆两处器物坑的年代并不困难，因为坑的包含物中许多适于做碳十四测定。叠压在坑上的地层，也有了碳十四数据①。这项数据，和相关的一系列其他数据是调谐的，发掘的学者已经做了讨论②。

有学者正确地指出，三星堆器物坑尊、罍、瓿等青铜礼器是"仿制"品③。我理解，"仿制"实际是接受文化影响的一种表现。经观察知道，三星堆器物坑所出青铜器尽管有高卓的美术意匠，其铸造工艺却是相当落后的。合金质量较差，范铸不够精细，分铸部件的连接用原始的铜铸法，等等，都是证据。从事这些器物修复的学者，对此尤有深刻印象。

我曾经推测，商文化的影响是通过湖北、湖南，间接传入四川④。上述礼器的"仿制"，多数是"仿制"两湖地区的器物。两湖的青铜器，铸造工艺非常发达，较之殷墟绝不逊色，这说明了文化影响的方向。这一影响很可能是通过三峡，溯江而上。最近在四川巫山大宁河发现的尊，不妨视为传播的链环。如果这个想法不错，三星堆的器物实系受湖南、湖北的影响，那么，三星堆器物坑的年代便可与两湖有关器物相参照。这是一个极有探索兴味的问题。

---

① 中国社会科学院考古研究所实验室：《放射性碳素测定年代报告（一一）》，《考古》1984年第7期。

② 四川省文物管理委员会、四川省博物馆、广汉县文化馆：《广汉三星堆遗址》，《考古学报》1987年第2期。

③ 李先登：《广汉三星堆器物坑之再研究》，《中国历史博物馆馆刊》总第23期，1994年。

④ 李学勤：《商文化怎样传入四川》，《中国文物报》1989年7月21日。

四川的商代青铜器还有许多奥秘需要探索。例如三星堆器物坑的神树，上面悬挂的花朵形铃，花瓣上的连珠纹是商代习见的，蒂部的波带纹则很特殊。在中原地区，波带纹迄今只上溯至西周早中期[1]，这种花纹有可能始于四川，后来影响到中原。又如三星堆和其西的高骈，出土了三件变形饕餮纹牌饰，显然是受二里头文化的影响[2]。1985年广汉西门外出土的一件"瓢形"尊[3]，饰饕餮纹，圈足内有阳文一字，我释为"籵"，读作"潜"，是这一地区唯一有铭的商代青铜器，铭文也十分重要。诸如此类，难于缕数。

再来看位于两湖东面的江西。

樟树（原清江）吴城遗址，从70年代中期发现以来，已出土不少青铜器以及铸造青铜器用的陶范、石范。以这一遗址为典型的吴城文化，概念得到公认，分期的序列也较清楚。新干[4]大洋洲大墓，出土陶器属于吴城文化二期，是明显的，碳十四年代也可相印证。墓中陶器分期单纯，且系大量的、成组的，所以，把这座墓定在商代晚期偏早的吴城二期，饶有证据。

大洋洲有个别器物，乍看似乎偏晚。比如勾戟，乃是直援戈与长条形刀的复合，实同周初的勾戟不同[5]。个别文化因素的相同或类似，不能改变整个文化分期的归属，因为吴城文化的分期是从很

① 上海博物馆青铜器研究组编：《商周青铜器文饰》，825、826，文物出版社，1984年。

② 赵殿增：《巴蜀青铜器概论》，《中国青铜器全集》第13卷《巴蜀》，文物出版社，1994年。

③ 中国青铜器全集编辑委员会编：《中国青铜器全集》第13卷《巴蜀》，九一，文物出版社，1994年。

④ 旧作"新淦"，或将"干"繁化为"幹"，是错误的。

⑤ 李学勤：《新干大洋洲商墓的若干问题》，《文物》1991年第10期。

多材料归纳出来的，并有着若干碳十四年代数据[1]。

与勾戟同样的，还有长胡戈。这里的长胡戈，是在直援戈上生硬地加上长胡，已有学者讲过，和陕西城固苏村所出相似[2]。大家知道，城固的商代青铜器同四川地区关系密切，这也是值得玩味的。

大洋洲墓发现的一个重要内涵，是3件大铙。大铙出自墓葬，还未见先例。铙均无旋，两件饰饕餮纹，由连珠纹衬地，另一件的饕餮则以勾连雷纹构成[3]。这种大铙，虽有学者定为商代后期之物[4]，但以往大家想不到会早到这样的时候。

无旋而饰连珠纹地饕餮的大铙，出土地点在湖北阳新刘荣山，安徽潜山与庐江泥河区，江苏江宁塘东村和浙江余杭石濑[5]。这些地点都在湖南以东长江沿岸及更南的地区。大洋洲的发现，提出了这些大铙属于商代的可能性。

安徽南部、江苏、浙江的商代青铜器，我们的知识还很有限。

---

① 中国社会科学院考古研究所编：《中国考古学中碳十四年代数据集 1965—1991》，第126页，文物出版社，1992年。

② 詹开逊：《谈新干大洋洲商墓出土的青铜兵器》，《文物》1994年第12期。

③ 罗泰：《论江西新干大洋洲出土的青铜乐器》，图一，封底下左、右，《江西文物》1991年第3期。

④ 高至喜：《中国南方出土商周铜铙概论》，《湖南考古辑刊》第2集，岳麓书社，1984年；高至喜：《论中国南方商周时期铜铙的型式、演变与年代》，《南方文物》1993年第2期。

⑤ 高至喜：《论中国南方商周时期铜铙的型式、演变与年代》，《南方文物》1993年第2期；李学勤：《安徽南部存在着颇具特色的青铜文化》，《学术界》1991年第1期。庐江例见宋新潮：《殷商文化区域研究》，第180页，陕西人民出版社，1991年。

安徽南部的例子，可以举出长江南岸的铜陵。1983年12月，铜陵西湖乡童墩村出土1爵1斝，"从器形和纹饰上看，同湖北黄陂盘龙城出土的爵、斝基本一致，年代为商代前期"①，即二里岗期上层的时期。

江苏的例子，只能举出连云港。1960年4月，在新海连市（今连云港）大村遗址出土4鼎3瓿，"分两处出土，一处5件，一处2件，两者相距1.5米。铜器出土地点，距地表2.5米，土为浅黄色，下有约80厘米厚的石头堆积，土为深黄色，土质坚硬"，又据称"在出铜器之处，并无文化层"②。当时简报以为器属西周。在南京博物院观察其中两件鼎，一高71.5厘米，一高70厘米，口沿下饰无地纹饕餮纹带，足上部饰兽面，有钩状扉棱，立耳外侧中空，应属二里岗期上层风格。

浙江的例子，应推其北部靠近安徽的安吉。1976年1月，安吉三官乡周家湾发现一批器物，出土处"原是一不高的土墩，占地约100平方米。器物埋藏深度略低于现稻田面"③。青铜器8件，1鼎1爵2瓿，还有4件蹼形的案足。爵、瓿为典型殷墟期风格，瓿圈足内有"弓昌（晷）"二字铭文。鼎款足，高足根，有一定特色，案足尤前所未见。同出有多件玉石器，从组合看，有可能是一处墓葬。

关于这些例子，现在自然不宜做出推论，只能说是为这些地区

---

① 张国茂：《先秦时期铜陵地区青铜文化简论》，图二：1、2，彩版，《铜陵文史资料》第7辑《中国古铜都铜陵（矿冶专辑）》，1992年。

② 江苏省文物工作队：《江苏新海连市大村新石器时代遗址勘察记》，《考古》1961年第6期。

③ 浙江安吉县博物馆：《浙江安吉出土商代铜器》，《文物》1986年第2期。

的进一步探索指明了可能和必要。不仅安徽南部和江浙，由于整个长江流域的商代青铜文化是新的研究领域，对于我们不知道的，应当保持沉默。

研究长江流域的商代青铜文化，应该更多依靠像广汉三星堆、新干大洋洲这样文化性质确定，有地层关系和共存器物的遗存。三星堆器物坑和大洋洲大墓的意义，不限于本地区，而是可以作为长江流域青铜文化的定点。因此，我们希望对这两处遗存做足够的科学测定，包括碳十四年代和青铜器的铅同位素比率等。如有较多的数据，就能解决一系列问题。对三星堆文化、吴城文化等当地文化，更应做深入分析，给其间含青铜器的遗存准备背景材料。

还可以注意到，中原与长江流域的商代青铜文化发生影响关系，在商代前期即二里岗期业已存在了。学者已注意到商代前期文化的影响范围非常广泛①，使我们想到，咏武丁南伐荆楚的《诗·殷武》有"维汝荆楚，居国南乡，昔有成汤，自彼氐羌，莫敢不来享，莫敢不来王"之句。这方面正大有我们探讨的余地。

（原载《长江文化论集》第1辑，湖北教育出版社，1995年）

① 王文建：《商时期澧水流域青铜文化的序列和文化因素分析》，《考古类型学的理论与实践》，文物出版社，1989年。

二十六、商代青铜鼍鼓的考察

　　商代青铜器双鸟鼍鼓，或称双鸟饕餮纹鼓、人形饕餮纹双禽饰铜鼓、夔神鼓等，传为圆明园旧藏[①]，现在日本泉屋博古馆。国内学术界了解此器，多系通过容庚先生《海外吉金图录》《商周彝器通考》《殷周青铜器通论》等书，容先生则是依据日本滨田耕作氏《泉屋清赏》《删订泉屋清赏》的著录[②]。由于该器长时期内是人们能见的唯一商代铜鼓，有很高的考古和美术价值，很多有关殷商历史文化的作品都加引用[③]，甚为著名。最近印行的《中国美术全集》收有鼓的彩色版[④]。关于此鼓的详细材料，可看日本梅原末治《新修泉屋清赏》和樋口隆康《乐器》两书[⑤]，均有全形及细部照片、花纹拓本等。我曾有机会几次仔细观察原器，现将几点想法记出，向读者请教。

[①] 梅原末治：《新修泉屋清赏》，诸器解说，第101页，泉屋博古馆，1971年。

[②] 容庚、张维持：《殷周青铜器通论》，第78页，文物出版社，1984年。

[③] 如胡厚宣：《殷墟发掘》，图版陆叁，学习生活出版社，1955年。

[④] 李学勤主编：《中国美术全集·工艺美术编4·青铜器（上）》，一二九，文物出版社，1985年。

[⑤] 樋口隆康：《乐器》，第13—15页，泉屋博古馆，1982年。

与崇阳铜鼓比较

1977年6月，在湖北省崇阳县汪家咀发现了另一件商代铜鼓[①]，与双鸟鼍鼓形制近似，宜于互相比较。

双鸟鼍鼓略大于崇阳的鼓，其通高为81.5厘米，鼓身长62厘米，鼓面径44.5厘米。崇阳鼓通高75.5厘米，鼓身长49厘米，鼓面径39.5厘米。崇阳鼓重42.5千克，双鸟鼍鼓则重达71.7千克。

两鼓鼓身均上长下短，使鼓面倾斜。鼓顶中间有方形突起，似以幂覆盖状。方形部分中央为枕形长钮，钮中腰有穿孔，唯双鸟鼍鼓钮上饰相背的卧鸮。两鼓鼓面周缘身壁均饰三行乳钉，象征固定蒙皮的钉，双鸟鼍鼓面部还做出鳄鱼甲片状[②]。崇阳鼓身下为曲尺形足构成的方座；双鸟鼍鼓身下则为外撇的四小足，足内侧空，足间为大方孔。

梅原末治已将双鸟鼍鼓与殷墟侯家庄西北冈1217号大墓的木身鼍鼓相对比[③]。据报告，1217号大墓"这一组的遗物遗迹是一面石磬，一个双面皮鼓，和悬挂他们用的木架子"[④]，鼓面径约60厘米。揣想铜鼓的形制系仿木鼓而来，枕状钮的穿孔用以悬挂，鼓面

---

① 湖北省博物馆、崇阳县文化馆：《湖北崇阳出土一件铜鼓》，《文物》1978年第4期。李学勤主编：《中国美术全集·工艺美术编4·青铜器（上）》，一〇六，文物出版社，1985年。

② 参看周本雄《山东兖州王因新石器时代遗址中的扬子鳄遗骸》，《考古学报》1982年第2期。

③ 梅原末治：《新修泉屋清赏》，诸器解说，第103页，泉屋博古馆，1971年。

④ 梁思永、高去寻：《侯家庄1217号大墓》，第四章，"中央研究院"历史语言研究所，1968年。

倾斜便于在下击打。不过铜鼓并不实际悬起，因而加上了座或足。细看钮孔，未见有穿绳磨损的痕迹。

两件铜鼓虽较1217号大墓木鼓小，也差不许多，不能认为仅是木鼓的模型，有可能仍是实用的乐器。这一点有待实验证明。

就纹饰而言，双鸟鼍鼓和崇阳鼓颇有不同。崇阳鼓除鼓面外，通体满花，主要是由云纹构成的单层饕餮纹和夔纹。双鸟鼍鼓鼓形繁丽，饰以平铺的三层花纹。鼓身两侧为人形纹，以细雷纹填地，纹上加云纹。方形突起部分用方格的四瓣花作缘，中为细雷纹填地的饕餮纹，纹上也加云纹。四小足饰竖耳的兽面。钮上作立雕状的鸮鸟，上面已说过了。

两鼓均遍覆青绿色锈。樋口隆康先生曾指出，双鸟鼍鼓"铜色、花纹的特征暗示本器系商代晚期华南所作"[1]，是正确的。有趣的是，这两件铜鼓的纹饰可与南方铜铙的花纹相比。大家知道，大型铜铙是商至西周南方地区特有的乐器，近年高至喜先生作了系统研究[2]。按照高氏的分型，A型的纹饰特点是："主纹为由粗线条组成的兽面纹，还有象、虎、鱼、云纹、乳钉等装饰，有的有三层花纹。"B型的纹饰特点是："主纹为云纹组成的兽面纹，两眼凸起。"不难看出，双鸟鼍鼓的花纹接近铙的A型，崇阳鼓的花纹则类于B型，特别是饕餮纹的眼珠也是明显突出的。A型铙被估计为商代晚期，B型铙则为商代末期，可作为两鼓年代的参考。

① 樋口隆康：《乐器》，第14页，泉屋博古馆，1982年。
② 高至喜：《中国南方出土商周铜铙概论》，《湖南考古辑刊》第2集，1984年。英文本见张光直主编《商代考古学研究》，第275—299页。

饕餮纹的分析

为了推定双鸟鼍鼓的年代，有必要对鼓上纹饰作进一步的考察。

鼓上有些纹饰，目前尚无较完整的材料可为标尺。例如钮部的鸮鸟，面部扁平而有钩状喙；两鸮鸟间横梁上的蝉纹，有伸展的后肢。这些虽能找到一些类似例证，说明相当于商代的殷墟期，但不能作更细的划分。有明显年代特征的，则是鼓上方形突起部分的饕餮纹（图39）。

图39　双鸟鼍鼓饕餮纹

该处饕餮纹是分解的，主要因素由宽带构成。中间有直立的长冠，与鼻通连。冠侧有两对角，一对是卜字形的歧角，一对是外卷的曲角。目上有细线描出的眉。口和尾相通，呈一字形，其旁有逗点形的小钩。

这种类型的饕餮纹在青铜器上相当罕见，它和湖南出土的A型铙的饕餮纹有很多共同点。铙的饕餮纹"是用断面作半圆形（个别的为扁平形）的粗线条组成"的①，在粗线条上加饰云纹，鼓的饕

---

① 高至喜：《中国南方出土商周铜铙概论》，《湖南考古辑刊》第2集，1984年。

餮纹则用宽带形的粗线条组成，上面也加饰云纹。两者饕餮均在中心有直竖的冠，与鼻通连，整个花纹是分解的、象征化的，口、尾、爪均不明显。

细看还可发现，双鸟鼍鼓和 A 型铙的饕餮上云纹的构形也甚相似。以 1959 年湖南宁乡老粮仓师古寨出土的象纹铙为例①，其细线云纹多为 C 字形，或两两相对，或联蔓成串，正同双鸟鼍鼓的一致。

从此可见，双鸟鼍鼓有可能也是湖南地区的产物，和 A 型铙是同一区域同一时期的作品。鼓、铙都是乐器，纹饰有共通处是容易理解的。

与双鸟鼍鼓颇为类似的饕餮纹，又见于殷墟侯家庄西北冈 1001 号大墓出土的骨制容器（图 40）②。这件骨器上所雕饕餮，没有用粗线条的技法，但细心分析，和鼍鼓的饕餮结构基本相同。两相比较，直贯的冠和鼻，一对外卷角，眼上的细眉，横长的口及旁边的短尾，都是相仿的，只是骨器上饕餮有一对内卷角，与鼓上饕餮的卜字形角有别。还容易看出，骨器饕餮的耳、爪，怎样在鼓上变为小钩或逗点形。

西北冈 1001 号大墓是四墓道的大型墓葬，属于殷墟二期③。不少学者怀疑它也许是武丁的陵墓。双鸟鼍鼓的饕餮纹比 1001 号大

① 李学勤主编：《中国美术全集·工艺美术编4·青铜器（上）》，一一四，文物出版社，1985 年。

② 梁思永、高去寻：《侯家庄 1001 号大墓》，图版壹玖叁：1，"中央研究院"历史语言研究所，1962 年。

③ 杨锡璋：《安阳殷墟西北冈大墓的分期及有关问题》，《中原文物》1981 年第 3 期。

墓骨器的简化了，而仍为同一类型，年代可能略晚于大墓的时期。

图40　西北冈1001号大墓骨制容器的饕餮纹

神像的渊源

鼍鼓两侧的人形纹极富神话色彩，实际是一种神像（图41）。

像为男性，鼓两侧相同。或说一面男像、一面女像，不确。像首中间有冠，两旁有一对大外卷角。人面，颧部突出，与其他商器人面相类，兽耳，露齿，头两边有羽翼形纹。像躯为倒三角形，双手上举，股部分开。体与四肢均填云纹，唯足上饰鳞纹。体干旁有羽毛，一腿外侧有鱼，一腿外侧有龙，首皆朝下，龙旁又有首向上的小鱼。臀下有两条首相向的小鱼。鼓两侧像外侧鱼、龙左右方向相反。

人形的臀部不着地，作蹲踞形，两手高扬，手指外向。这种姿态见于湖南安化出土的虎食人卣和其他一些商至周初器物纹饰，应有其特殊意义[1]。

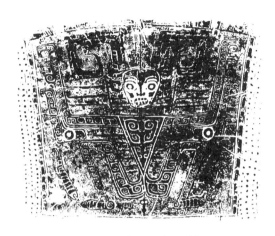

图41　双鸟鼍鼓的人形纹

　　有一点是前人讨论鼓上神像时没有注意的，就是像身侧旁，上下肢之间，还有一对眼睛，附有延伸的尾。全像上面的首部和下面的躯干，可以看成两个饕餮面。这种具有两个面孔的神像，有着久远的来源。

　　根据现有的考古材料，两面神像可上溯到良渚文化。

　　美国纽约赛克勒氏藏品中有一件玉饰[2]，属于良渚文化，上刻有上下两个饕餮面。上头一个面部较小，两旁有羽翼；下头一个中间有三角形，双腿大而分开，底下是以横条表现的口。近年考古工作中发现有类似的纹饰，见于良渚文化玉器，有明显的双足。良渚文化这类纹饰和双鸟鼍鼓神像的关系，是显而易见的。

———————————

　　① 李学勤：《试论虎食人卣》，《南方民族考古》第1辑，1987年。
　　② 林巳奈夫：《所谓饕餮纹表现什么》（日文），图49，《东方学报》（京都）第56册，1984年。

　　考察良渚文化玉器纹饰，可以看到这种两面神像非常普遍。有趣的是，两个面孔可以分开。例如美国弗利尔美术馆藏的一件良渚文化玉饰，上有浮雕的饕餮面，双腿大而分开，下有两足，足端为利爪，就是两面神像的下半部。这种神像在简化为两种饕餮纹后，常仍上下重叠，习见于良渚文化玉琮，只是上头的饕餮目小而相近，下头的饕餮目大而分开，保存着原来的形象，个别的还能辨出肢、爪的遗迹①。简化的这种纹饰也可分开，甚至平列，如英国不列颠博物院、美国福格美术博物馆都藏有这样的玉臂圈②。

　　在山东日照两城镇发现的山东龙山文化石锛（圭），两面有不同的饕餮纹③，很可能也与这种两面神像有关。其饕餮也有眼大眼小的分别。

　　值得注意的是，两面神像也见于殷墟侯家庄西北冈1001号大墓。该墓出土的骨制筒形器上面便雕有这种神像（图42）④。像的首部有歧冠，一对内卷曲角，一对C字形歧角，眼上有眉，很大的耳。躯体为三角形，上有脸面，有冠、角、目、耳，与首部相似。体旁可见两手上扬，手指外向，其下有首朝下的夔纹。

---

　　① 王巍：《良渚文化玉琮刍议》，图一：2、图三：左、图四，《考古》1986年第11期。

　　② 罗森：《古代中国：美术与考古》（英文），图25—26，1980年。林巳奈夫：《所谓饕餮纹表现什么》（日文），图51，《东方学报》（京都）第56册，1984年。

　　③ 刘敦愿：《记两城镇遗址发现的两件石器》，《考古》1972年第4期。

　　④ 梁思永、高去寻：《侯家庄1001号大墓》，插图八十二，"中央研究院"历史语言研究所，1962年。

图42 西北冈1001号大墓骨制筒形的人形纹

　　1001号大墓还有一些私掘品流藏海外，其中有同样筒形器的残片，分藏于日本黑川古文化研究所和美国西雅图美术馆、堪萨斯市美术馆，彼此可以拼合。据称系以大象肢骨截成，口沿下有系提梁的穿孔①。

　　良渚文化与商周文化的关系，久已引起学者的重视。一些线索指示着良渚文化对商周确有影响，例如良渚文化玉器同商周礼玉的渊源联系，已有论著开始研究。良渚玉器上的符号，可和大汶口文化陶器符号结合探讨②，由于后者新材料的公布③，进一步得到证实。

　　① 黑川古文化研究所：《侯家庄第1001号大墓殷代石玉骨牙文物展观目录》（日文），图版第一，1966年。

　　② 李学勤：《考古发现与中国文字起源》，《中国文化研究集刊》第2辑，复旦大学出版社，1985年。

　　③ 王树明：《谈陵阳河与大朱村出土的陶尊"文字"》，《山东史前文化论文集》，齐鲁书社，1986年。

以双鸟鼍鼓为环节，我们看到一种非常奇特的具有首、腹两个面孔的神像由良渚文化传流到商代。在商代，这种神像不仅在南方存在，而且出现于殷墟大墓，所以不再是南方特有的。应当指出，这种神像结构特殊，很难说出于偶合，只能解释为一定神话传说的一脉相承。因此，这进一步论证了商文化的确从良渚文化继承了不少文化因素。

（原载《湖南文物》第3辑，湖南大学出版社，1988年）

二十七、商代通向东南亚的道路

先秦时代的中外关系，尤其是战国以前的中外文化交往，是一个很富吸引力的学术问题。长期以来，不少中外学者致力于这方面的探讨，论作甚多，迄今不衰[①]。这些论作提出过很多看法，有些是极有启发性的，但其推论大多未能博得学术界的公认。学者们指出，要想在这一重要问题上取得切实的进展，首先有待于考古学的发现。

令人高兴的是，随着考古发掘和研究工作的前进，近年已经出现了一些与这一问题相关的新成果，有的还有很大意义，不过多数尚未受到研究中外关系的学者的重视。这里想谈一下商代中原与西南地区以及东南亚等地是否存在交往通道，作为这方面的例证，或许能引起大家的兴趣。

先从中原与西南的交往说起。

一项与此有关的工作，实际上在十年前便提出了，即金正耀先

---

① 最近问世的例如：韶华宝忠双、欧阳如水明的《中华祖先拓荒美洲》，黑龙江人民出版社，1992年。

生的《晚商中原青铜器的矿料来源研究》。这是他1984年在中国科技大学的硕士论文，要点已在1987年和1990年出版的两部论文集中发表①。云南的李晓岑先生最近作有《商周中原青铜器矿料来源的再研究》②，进一步扩充了金文的结果。

金、李二位的研究，是以青铜器的铅同位素比值测定为依据的。如金文所述："自然界含铅矿物和金属器物中的铅是由 Pb^{206}、Pb^{207}、Pb^{208}、Pb^{204} 四种同位素组成的。不同矿山的含铅矿物因为成矿地质年龄和成矿时具体地质环境的差异，其同位素比值模式也存在着一些差异。有时这种差异十分明显。而且，矿床育成后，根据物理学原理同位素比值模式不会随时间变化。青铜器的原料是从矿山采到的，其铅同位素比值在采冶、铸造以及锈蚀过程中，都不发生改变。"③ 因此，从青铜器的铅同位素比值，可以获得原矿产地的线索。

金文报告了对河南殷墟妇好墓青铜器样品的铅同位素比值的测定，其中四件（可能另有两件）数据特低。论文认为这结果说明，该项样品的"铜、铅矿料可能全部或部分来自云南永善金沙"④。

李文根据大量的地质铅同位素数据，指出在永善金沙以外，

----

① 金正耀：《晚商中原青铜的矿料来源研究》，《科学史论集》，中国科技大学出版社，1987年；金正耀：《晚商中原青铜的矿料来源》，《第三届国际中国科学史讨论会论文集》，科学出版社，1990年。

② 李晓岑：《商周中原青铜器矿料来源的再研究》，《自然科学史研究》第12卷第3期，1993年。

③ 金正耀：《晚商中原青铜的矿料来源》，《第三届国际中国科学史讨论会论文集》，第287页，科学出版社，1990年。

④ 金正耀：《晚商中原青铜的矿料来源》，《第三届国际中国科学史讨论会论文集》，第288页，科学出版社，1990年。

"铅同位素比值很低的异常铅在云南其他地区还有几处：巧家、昭通、新平、元谋，而以永善、巧家的铅同位素比值最低。此类低比值异常铅在中国其他地方未见"①。论文又分析了美国 E. V. Sayre 等和日本山崎一雄等的实验结果，发现这种比值很低的异常铅矿质在商代青铜器中占有较大比例（样品有几十件），在西周青铜器中为数甚少，到东周青铜器则几乎没有了。李文认为这是周代靠近中原一带的矿产已被开发之故。

永善、昭通、巧家都在云南东北部，与川、贵接近，元谋、新平则更偏远。从而李文说："中原青铜器的异常铅矿料采自永善、昭通、巧家一带的矿山可能性极大，这不仅是因为这一带地区矿山的铅同位素比值最低，和中原青铜器的异常铅同位素比值吻合；而且这一带地区位于古代中原进入云南的交通道上，又是云南乃至我国的重要金属矿产区。"②

以上提到的商代青铜器，一般都属于商代后期，即殷墟期。这一时期的中原青铜器采用云南的矿料，说明当时两地间已有相当固定的交往，由殷墟到西南存在一条畅通的道路。

事情远不止如此，另外还有新的考古发现，更足以使人瞠目。

1994 年 2 月，香港中文大学中国文化研究所中国考古艺术研究中心举办了第二届南中国及邻近地区古文化研究国际会议，出版了论文集③。这次学术会议的导因，如编者邓聪先生所说，是

---

① 李晓岑：《商周中原青铜器矿料来源的再研究》，《自然科学史研究》第 12 卷第 3 期，1993 年。

② 李晓岑：《商周中原青铜器矿料来源的再研究》，《自然科学史研究》第 12 卷第 3 期，1993 年。

③ 邓聪编：《南中国及邻近地区古文化研究》，香港中文大学出版社，1994 年。

"一九九零年十二月，香港中文大学中国考古艺术研究中心与中山大学人类学系发掘香港南丫岛大湾遗址，发现了包含彩陶和牙璋等若干的文化层。这些出土的遗物，与中国、越南及东南亚等地出土的遗物都存在着密切关系"，因而"此次会议的中心为南中国与邻近地区古文化交流，特别以彩陶和牙璋为焦点"①。

对于所谓"牙璋"，这里应该专门介绍几句。"牙璋"一词是古玉研究中的传统名词，本于《周礼》，指的是一种极有文化特色的玉制端刃器。其形制是呈扁平条状，器身前端歧尖有刃，后端有长方形内，内与身间常有阑、齿。这种器物不能实际安秘，也没有使用痕迹，所以不是兵器或工具，而是一种礼器。牙璋的形制太独特了，不可能在彼此无关的文化中分别产生。

我在两篇小文中，曾把中国各地发现的牙璋，依其形制特点，大致划分为三个类型②。总的说来，"牙璋最早见于黄河流域的龙山文化，至二里头文化（约当夏代）而臻兴盛。商文化二里岗期（商代前期）继续存在，虽不如二里头文化的精美，分布则更广泛，出现于南方各地。到殷墟期（商代后期）已渐衰落，只保存在南方，且有退化变异的趋势"③。其传播的基本走向是自北而南，而形制的演进是自第一类型到第二及第三类型，在此不能详细描述。香港大湾的牙璋，属于第二类型。

---

① 邓聪编：《南中国及邻近地区古文化研究》，香港中文大学出版社，1994年。

② 李学勤：《论香港大湾新出牙璋及有关问题》，《南方文物》1992年第1期；李学勤：《试论牙璋及其文化背景》，《南中国及邻近地区古文化研究》，香港中文大学出版社，1994年。

③ 李学勤：《试论牙璋及其文化背景》，《南中国及邻近地区古文化研究》，香港中文大学出版社，1994年。

　　在香港中文大学的这次国际会议上，越南考古研究所所长何文瑨（Ha Van Tan）教授提出题为《牙璋在越南》的论文，详细报道和论述了越南永富省冯原（Phung Nguyen）和 Xom Ren 出土的四件牙璋①。其中两件较精细的，也属于第二类型。

　　第二类型的牙璋，形制的特点是在内、身间有前后两道阑，阑中间有成组的细齿。在中国境内，这一类型牙璋最典型的出于二里头文化和商文化二里岗期的一些遗址，如偃师二里头、郑州杨庄、新郑望京楼、许昌大路陈村等，而与越南所出特别接近的，见于四川广汉月亮湾。越南永富省出牙璋的遗址，属于冯原文化中期，何文瑨教授推断，其年代应在公元前17世纪至公元前14世纪之间，这恰好和第二类型牙璋的年代相一致。

　　四川广汉的商代牙璋和越南北部的同时期牙璋十分相似，当然不会是偶然的现象。再结合中原地区同类型的牙璋考虑，不难看出商代从中原到西南，并延伸到越南北部，有着文化传统交往的通道。这和上面关于青铜器矿料的讨论不是足相印证吗？

　　商代存在中原与西南以至东南亚地区的交往，其实在50年前已经发现了线索。

　　1936年春天，在殷墟小屯村北 YH127 坑出土了大量卜甲，编号达17088片（另外胛骨仅有8片）。通过该坑层位的分析和卜辞内容的研究，知道这批卜甲都属于武丁时期。YH127坑卜甲里面，有一版特大的龟腹甲，即《殷虚文字乙编》4330、《殷虚文字丙编》184，长44厘米，宽35厘米，鳞板结构形态和常见卜甲不同。经伍

---

　　① 严格说，其中一件是另一种端刃器，参看李学勤：《海外访古续记（十）》，《文物天地》1994年第3期。

献文先生研究，认为是产于马来半岛的Testudo emys[1]。美国吉德炜（David N. Keightley）教授曾对此进行讨论，指出这种龟甲在商代传至华北，只能是少数的[2]。

无独有偶，1981年至1982年，我在英国剑桥大学图书馆观察金璋氏旧藏甲骨，发现原著录为《金璋所藏甲骨卜辞》554的一版龟腹甲残片，形态也显与常见卜甲不合。该片上有宾组卜辞，属于武丁时期是没有疑问的。后来我们请不列颠博物院的爱尔纳德（E. N. Arnold）博士做了鉴定，认为是Geochelone emys（棕褐巨龟），即分布在缅甸到印度尼西亚的一种大龟，鉴定报告收入《英国所藏甲骨集》[3]。这同伍献文先生的研究结果刚好互相印证。

美国学者贝里（James F. Berry）对1937年以前殷墟发掘所得较完整的有字卜甲作了综合研究[4]。根据他以及更早的一些学者的鉴定，卜甲所属龟种主要是：

（一）Ocadia sinensis，产于福建以南、台湾、海南及中南半岛北部。

（二）Chinemys reevesi，产于华北、华中，从山东东南部到陕西渭水流域，四川以西的长江流域，并沿海岸到广东、台湾及朝

[1] 伍献文（H. W. Wu），"Notes on the Plastron of Testudo Emys Schl. and Müll. from the Ruins of Shang Dynasty at Anyang"，《中央研究院动植物研究所集刊》14卷1—6期，1943年。提要见《读书通讯》79、80期合刊，1943年。

[2] David N. Keightley, *Sources of Shang History*, P. 9, University of California Press, 1978.

[3] 李学勤、齐文心、艾兰：《英国所藏甲骨集》下编上册，第247—248页，中华书局，1992年。

[4] James F. Berry, "Identification of the Inscribed Turtle Shells of Shang", David N. Keightley, *Sources of Shang History*, P. 9, University of California Press, 1978. 附录1。

鲜、日本。

（三）Mauremys mutica，产于华南、海南及日本、越南。

考虑到第一种龟为数较多，所以殷墟所出龟甲相当的部分是来自南方的。即使古今气候有一些变化，也不会改变这个推论。《尚书·禹贡》所载"九江纳锡大龟"，也说明这一点。卜用龟甲在商朝是富有神秘意义的宝物，所以有少数巨大龟甲自东南亚传流到殷商首都，并非不可思议的事。

在上述殷墟YH127坑卜甲上面，还发现有若干迹象，可能是与更遥远的地方交往的证据。

1980年，张秉权先生在台湾举行的一次学术会议上报告[1]，1975年在YH127坑卜甲上观察到黏附有纺织品。这样的卜甲计有65片，例如标本1是一版大龟甲，刻有卜人古、亘的卜辞，在其三个小碎片上都见有纺织品。纺织品是平织的，素色，据鉴定系"棉纤维类之纺织品"。

1991年，香港中文大学饶宗颐先生对这项发现做了讨论，联系他1973年考证印度的Cīnapaṭṭa与蜀布的关系，讲到上述棉纤维类纺织品"即土卢布，相当榜葛剌国所谓兜罗棉，此外武夷山船棺葬亦出有棉布，证明身毒货物在殷代已有交流迹象"[2]。

上文所提到的种种发现和鉴定，合而观之，指示我们商代可能存在朝向我国西南地区以至东南亚等地的交往通道。前些年，通过

① 张秉权：《小屯殷虚出土龟甲上所黏附的纺织品》，《"中央研究院"国际汉学会议论文集：历史考古组》上册，1981年。

② 本书饶宗颐先生序，参看饶宗颐：《蜀布与Cīnapaṭṭa》，《梵学集》，上海古籍出版社，1993年。

殷墟妇好墓玉器的鉴定，证明其玉料大多是和阗玉[1]，商代由中原通向西北、直到新疆的通道的存在已不容否认。通向西南的通道，其性质正可与之比拟。

关于古代是否存在由中国的四川、云南通向东南亚以及南亚等地的交往通道的问题，早曾引起中外学者的重视。近年这个问题被称作"西南丝绸之路"的研究，1986年，成立了"古代南方丝绸之路综合考察"课题组，有关情况及研究论文，见于1990年出版的《古代西南丝绸之路研究》一书[2]。本文探讨的中原到四川、云南以至东南亚等地的通道，与这方面的研究很有关系。

最近四川广汉三星堆等一系列考古发现，说明了在商代成都平原一带有相当发达的青铜文化，结合文献来认识，应称之为当时的蜀文化。蜀文化，还有后来逐渐兴起的滇、昆明及邻近地区青铜文化[3]，其历史地位都应该联系上述通道来考察。

在讨论广汉三星堆青铜器的小文中，我曾经提出，三星堆的一些器物最接近湖北、湖南所出，因而可以设想，以中原为中心的商文化先向南推进，经淮至江，越过洞庭湖，同时溯江而上，穿入蜀地，这可能是商文化影响进入四川的主要途径[4]。三峡地区新发现的商代青铜器，也证实这一点。通过三峡，沿江上行，既能进至成

① 中国社会科学院考古研究所：《殷墟妇好墓》，第114—115页，文物出版社，1980年。

② 伍加伦、江玉祥主编：《古代西南丝绸之路研究》，四川大学出版社，1990年。

③ 张增祺：《绚丽多彩的滇、昆明青铜文化》，《中国青铜器全集》第14卷，文物出版社，1993年。

④ 李学勤：《商文化怎样传入四川》，《中国文物报》1989年7月21日。

都平原，也可向南到达云南东北部，这就和"西南丝绸之路"衔接上了。中原与西南以及东南亚等地的文化交流，可能即通过这样的路线。

很长的一段时期里，不少人把商代想象为非常狭小和闭塞。虽有学者指出商文化与遥远地区交往的迹象[①]，也很难得到认真的注意。这种观念，现在看来是和越来越多的考古事实相违背的。

本文引述的考古发现和研究成果，只能说是提供了进一步探讨的线索，还有待更多的材料来验证和补充，提出的想法更希望大家指教。如果能使关于中国古代历史文化的一些传统观念有所改变，我便感到最大的满足了。

（原载王元化主编：《学术集林》卷一，上海远东出版社，1994年）

---

① 例如李济先生提到殷墟出土未经用过的锡可能来自西南，见《安阳发掘与中国古史问题》，《李济考古学论文选集》，文物出版社，1990年。

二十八、越南北部出土牙璋

    1990年冬，中山大学人类学博物馆、人类学系考古教研室和香港中文大学中国文化研究所中国考古艺术研究中心合组的考古队，在香港南丫岛大湾遗址发掘，出土玉器牙璋，已著录于深圳博物馆等单位所编《环珠江口史前文物图录》一书。《文物天地》1991年第4期所载李果、李秀国《南丫岛发掘散记》，对此也有详细叙述。这一重要发现，关系到中国早期文化的传播，受到很多学者的重视关切。当时我写了一篇题为《论香港大湾新出牙璋及有关问题》的小文，发表在《南方文物》1992年第1期上。文中曾提到，有日本学者见告，越南也发现牙璋，但详情还不清楚。

    1994年2月末，香港中文大学中国文化研究所中国考古艺术研究中心筹办召开了"南中国及邻近地区古文化研究"国际会议，并出版《南中国及邻近地区古文化研究——庆祝郑德坤教授从事学术活动六十周年论文集》。越南考古研究所所长何文瑨（Ha Van Tan）教授有《越南之牙璋》一文，使我们详知有关的情况和材料。

    这里应当先谈一下越南红河流域先东山文化考古的进展。如上述论文集中香港中文大学邓聪先生《越南冯原遗址与香港大湾遗

址玉石器对比试释》文内所述，"就青铜时代文化研究而言，越南
考古工作者最重要贡献，在发现早于东山文化之青铜器时代遗存。
从1958年于永富省发现冯原遗址，此后10余年间，红河流域先东
山文化的冯原文化→铜豆文化和杻丘文化系列建立。……如此自冯
原→铜豆→杻丘→东山一系列由青铜器至铁器时代文明发展之轨
迹，眉目清楚"。关于这几种文化的绝对年代，曾有种种估计，详
见《香港考古学会杂志》1975年第6卷杰里米·戴维森《越南近年
来的考古活动》一文。近年根据碳十四数据又有所修订，其中冯原
文化早期有数据为距今3800±60年，冯原文化晚期数据最早的是
距今3330±100年，最晚的是距今3100±50年。

牙璋最初是在1981年由何文瑨教授等学者发现的，出土地点是
永富省与冯原遗址同属一区的Xom Ren遗址，报导见越南考古研究
所出版的《1981年考古新发现》所载何氏等所撰《一处冯原文化遗
址出土的两件罕见文物》。牙璋出于冯原文化地层，同出有领即好周
有凸缘的璧（"T字玉环"）、耳环、石珠、石锛和冯原文化陶片等。

第一件牙璋非常朴素，长32厘米。方内，内长6.5厘米、宽
4.5厘米，在近阑处有一单面钻的小穿。阑形简单，只是璋侧的小
突起。锋作凹弧形，有不明显的歧尖。璋较厚重，内部厚0.6厘米、
身部厚1厘米，锋端厚0.8厘米、锋宽为5.8厘米。

第二件牙璋则相当复杂秀丽，长达46厘米，已折为5段。方内，
内长8厘米、宽4厘米，近阑处有一圆穿。两处阑，中间有齿，均
系锯磨而成。靠后的阑向内部勾曲，上面还有小齿。身部两缘呈优
美曲线，最窄处宽4.5厘米。锋作弧形，有明显歧尖，宽近7厘米。
内部厚0.6厘米、锋端厚仅0.3厘米。

两件牙璋，据称都是以类似冯原文化斧、锛的石质制成的。

到1985年，在冯原遗址也出土一件牙璋，报导见越南考古研究所出版的《1985年考古新发现》内《冯原遗址新发现的罕见文物》一文，与之同出的有一件长24厘米的白色玉质端刃器，一处阑，前端微凸，似可归于戚类，或与圭有关。

冯原的牙璋已残，为黄色玉质，两处阑，后面一处突起已经折去，阑间有齿，造型与1981年第二件璋类似（图43：②④）。

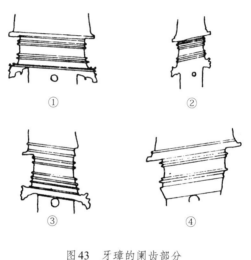

图43　牙璋的阑齿部分

①③　广汉月亮湾　　　　　　②④　越南

同出器物有石珠、臂圈和冯原文化陶器。

我在《南方文物》那篇拙文中将已知有出土记录的牙璋大致分为三个类型：

第一类型，无阑或只有一处阑，有的有齿而较简单。属这一类型的有山东龙山文化几个地点（临沂大范庄、海阳司马台、五莲上万家沟）所出。陕西神木石峁的也可划于这个类型，但较发达，其年代也早于二里头文化。

第二类型，两处阑，阑间有齿。以河南偃师二里头的最为典型。商文化二里岗期的，如郑州杨庄、新郑、许昌大路陈村所出，也属这一类型。此外，还应列入福建漳浦眉力、香港大湾和1931年（或说1929年）四川广汉月亮湾所出的几件。

第三类型，在上一类型基础上，锋端出现变化，如V字形歧尖。主要见于广汉三星堆，相当殷墟期。

越南的牙璋，1981年第一件应列于第一类型；第二件和1985年的一件，则显然属于第二类型。出牙璋的两处遗址，据邓聪先生文，代表冯原文化中期。其绝对年代，何文瑨教授依冯原文化早、晚期碳十四数据估计，在公元前17世纪至公元前14世纪之间。这刚好相当中国二里头文化与商文化二里岗期的牙璋，其属第二类型并非偶然。

越南1981年第二件和1985年残璋，阑齿都很精细复杂，而且有细致的线刻纹。这种作风在二里头文化璋上已经出现，但阑间线刻分为两组的，仅见于1931年广汉月亮湾的一些标本（图43：①③），试举下例：

（一）郑德坤《中国考古学研究》（*Studies in Chinese Archaeology*），图版14：d。

（二）同上，图版14：e。

（三）《南中国及邻近地区古文化研究》，图13-1。

（四）《冯汉骥考古学论文集》，图版一：4。

（一）（二）（四）有明确记录是月亮湾出土的。（三）也传出自月亮湾，现藏故宫博物院。前三件的特点是身部比较宽短。（四）的身部则甚狭长，更和越南1981年第二件璋相类。

附图是越南的两件璋和上述月亮湾（三）、（四）二璋阑齿部分的比较。由于所据照片、摹本比例不同，未能表现原来的尺寸，不过大家不难看出其作风的一致。

越南1981年的牙璋，是以当地常见质料制成的（香港大湾的璋，质料据观察也同于伴出其他器物）。这说明，牙璋应该是在当地制作的，并非自远方传来。实际传来的，只是文化的影响。

何文骕教授在《越南之牙璋》文中指出："现今已有有力证据使我们认为商文化的影响已越长江，向南方传布。越南的牙璋表明这种影响的传布要更快更远。"他还根据越南璋与四川广汉璋的相似，提出商文化的影响系自四川、云南，传入越南，这些都是极富启示的。

中原商文化向南传播，可能是经湖北、湖南进入四川、云南，由此向南而进及越南。关于这一方面，最近已有若干新的证据，容另文论述。

（原载《文物天地》1994年第3期）

二十九、中国青铜器及其最新发现

　　青铜器是中国古代文物的一个主要门类。中国的青铜器有其自己的渊源和传统，产生早，历史长，制造精美，种类丰富，有着重大的学术意义和美术价值，早为举世所公认。

　　早在西汉时期，已有发现与收藏古代青铜器的记载，也曾有学者对青铜器做过鉴定和研究，但这种研究还没有形成一种学问。到了北宋时期，出现了体例相当完善的青铜器著录书籍，研究青铜器的学者更是辈出。现在能够看到的最早的一部著录——吕大临的《考古图》，自序于元祐七年（1092）[①]。收藏和研究青铜器的风气，清代乾嘉以后得到进一步的发扬。

　　20世纪第二个十年，现代考古学在中国兴起后，青铜器的研究逐渐成为这门学科的一大分支。当前，海内外有很多专家学者致力于研究中国青铜器，所发表专著、论文、图录不可胜计。对比

---

　　① 吕大临：《考古图》序，《考古图　续考古图　考古图释文》，中华书局，1987年。序署"元祐七年二月"，中云"暇日论次成书"，是当时已有完稿。钱曾《读书敏求记》载有北宋刊本。其卷八"琥"下按语引《复斋漫录》有徽宗谥号，当系后加。

于业已通行的"甲骨学""敦煌学"等名词来说，作为一种学科的"青铜器研究"（或者"青铜器学"）这一术语早就应该使用了。

今天的青铜器研究，是以历史上收藏、研究的成果为起点的，但其根本的方法和趋向则与过去不同。以往学者研究青铜器，限于当时的条件，所据材料大多没有明确的出土记录，从而只能做分别的探讨。现今的研究，由于田野考古工作的发达，能够以科学发掘的收获为主体，尽可能运用考古学层位学和类型学的理论和方法。

中国学术界过去研究青铜器，每每偏重于器物上的文字，即通称的金文。这方面虽然积累了非常有价值的成果，但也不免带来不少局限性。现在的青铜器研究，则扩大到对其形制、纹饰、铭文、功能、组合、工艺等方面，做出多角度的综合研究，其中青铜器制作工艺的考察，更引进一系列新的科学技术，使青铜器研究带有跨学科的性质。

外国学者对中国青铜器的研究，多从美术史的角度入手。从学科的发展来看，美术史和考古学向来是关系密切、相辅相成的。只有按照考古学的要求，确定青铜器的文化性质，划分其时期和地区，才能将数以万计的种种器物整理出统绪；而如不经过美术史的考察，说明青铜器的创作技巧及其所蕴含的思想意念，就不能充分显示诸般珍品的意义与价值。这两者，应该说是不可偏废的。

令人欣幸的是，由于新材料的大量涌现，青铜器研究正在取得迅速进展。不过十年以前，我为《中国美术全集·青铜器》卷写了题为《中国青铜器的起源与发展》的综述，如今看来，已有许多地方须做补充修改。必须说，这几年间的考古发现，实在是太丰富、太精彩了，对青铜器各个时期的研究，都有着重大的影响作用。

下面便让我们来看一下中国青铜器产生、演变的基本脉络，以及由最新发现得到的认识（材料以近十年中发表者为限）。

多年研究表明，中国青铜器有其自身独立的起源，但究竟是在什么年代和什么地方开始出现，迄今仍有待探索。在中国境内发现的年代最早的铜器，是1973年陕西临潼姜寨一座仰韶文化房屋基址中出土的铜片，正式报告已于1988年出版。基址的碳十四年代经校正约为公元前4700年[1]，但这一铜片是黄铜而非青铜。中国目前最早的青铜器，是1975年甘肃东乡林家的马家窑类型文化遗址中出土的青铜刀，系合范铸成，有关地层的碳十四年代经校正是公元前3000年左右。同一遗址还发现有铜器残片，惜已风化[2]。又据报道，1987年在西台红山文化房屋基址中发现了多块经烧烤的铸铜陶范[3]，这年代也是很早的，不过报告还没有发表。

上述中国青铜器出现的年代，和两河流域与埃及相差无几。两河流域在公元前3000年后才有青铜器出现，如乌尔的刀、针，基什的铜片。埃及的青铜器，则始见于公元前2600年左右的第四王朝。这些地方的早期青铜器，和在中国一样，其发现是零星的。

埃及真正进入青铜时代，是在公元前2000年的中王国时期。中国以河南偃师二里头遗址为代表的二里头文化，碳十四年代经校正在公元前1890年至前1670年左右，公认应属青铜时代，年代也

<hr>

[1] 西安半坡博物馆、陕西省考古研究所、临潼县博物馆：《姜寨》，第148、544—548页，文物出版社，1988年。

[2] 甘肃省文物工作队、临夏回族自治州文化局、东乡族自治县文化馆：《甘肃东乡林家遗址发掘报告》，《考古学集刊》第4集，中国社会科学出版社，1984年。

[3]《中国文明起源座谈纪要》，《考古》1989年第12期。

大致相近①。

近来越来越多的学者认为二里头文化是夏文化。二里头文化的青铜器不仅有小件的工具和饰物，而且还有较大的礼器和兵器，都是用合范法铸造的。这开启了中国青铜器长期普遍使用这种铸造方法的传统。

偃师二里头遗址发现的青铜礼器，以前只有爵。另外，非发掘品有角，不知出于何地。近年在二里头陆续出土了鼎、斝、盉、盉，说明当时礼器已有较复杂的组合。同时，兵器有戈、戚、箭镞，工具有刀、锛、锥、凿、铲、刻刀、鱼钩等②。看其制作技术，这种文化有形制更大得多的青铜器，完全是可能的。

二里头文化青铜器的工艺水准，还表现在其装饰技巧上。这时已经有很精湛的在青铜器上镶嵌绿松石的技艺。其代表是一种束腰的长圆形牌饰，已见有10件，其表面都满嵌绿松石，构成美观的饕餮纹③。特别是1987年二里头出土的一件，全体镂空，饕餮纹由400多片各种形状的绿松石连缀而成④，技巧超绝，确实出人意表。

商代前期，即考古学上所说商文化二里岗期的青铜器，上承二里头文化而有明显的发展。二里头文化器物的一些特点，这时仍然存在，如容器胎壁很薄，鼎为锥足，爵、斝等为平底，可是器种大为增多了。礼器的鼎、鬲、簋、甗、爵、斝、角、盉、尊、卣、壶、罍以及盘、盉，兵器的戈、矛、钺、刀、箭镞，工具的斧、

① 参看本书第一部分，第十七节。

②《中国文明起源座谈纪要》，《考古》1989年第12期。

③ 李学勤：《论二里头文化的饕餮纹铜饰》，《中国文物报》1991年10月20日。

④ 中国社会科学院考古研究所二里头工作队：《1987年偃师二里头遗址墓葬发掘简报》，《考古》1992年第4期。

锛，等等，均已齐备。纹饰多作带状，没有作为图案衬底的地纹。直到其最晚阶段，才出现通体满花的装饰。在少数器物上，开始有了字数很少的铭文。

商代前期青铜器出土地点分布范围，已经相当广泛。其中心在河南中北部，北起辽宁，南至湖北、安徽，都有发现。1980年和1981年，陕西城固龙头镇两次发现这一时期的礼器和兵器，共计75件之多①，形制、纹饰的特点同于河南等地所出，表明当时中原文化已传播到汉中一带。这项发现，1988年始得发表。1986年，在辽宁锦州水手营子出土一件连柄铜戈②，看其花纹，也应属于商代前期。

1985年和1989年，河南郑州小双桥出土青铜建筑饰件各一件，上饰饕餮纹和龙、蛇、虎等花纹，系典型的商代前期之末的风格③。由此可见青铜工艺已很发达，竟能施于建筑，我们对其水平当刮目相看。

商代后期，即商文化殷墟期的青铜器，较之前期有根本性的改变。这个时期，器物的胎壁转为厚重，各器种的形制都出现了复杂的变化。纹饰流行通体满花，形成了富丽繁缛的所谓"三层花"，不仅具有地纹，而且在图案上还重叠有纹饰。铭文也逐渐加多，最长的接近于50字，有比较重要的记事内容。这样，便出现了中国青铜器发展史上第一个高峰。

---

① 王寿芝：《陕西城固出土的商代青铜器》，《文博》1988年第6期。

② 文物编辑委员会编：《文物考古工作十年 1979—1989》，第63页，文物出版社，1991年。

③ 河南省文物研究所：《郑州小双桥遗址的调查与试掘》，《郑州商城考古新发现与研究 1985—1992》，中州古籍出版社，1993年。

河南安阳殷墟为商代后期王都，所出青铜器多属于王室贵族，因而特别精美。其间许多杰作，久已闻名于世。随着殷墟发掘的继续，青铜器的新发现层出不穷。一个最近的例子，是1990年发掘的郭家庄160号墓，共出青铜礼器40件，包括圆鼎、方鼎、提梁鼎、甗、簋、角、斝、方罍、方觚、觯、圆尊、卣、盉、盘、盂等种，有些器形前所未见。其中方形器几乎占了一半，更较特殊。此外，乐器、兵器、工具等也很不少①。

商代后期青铜器的出土地点，分布更为辽阔，北至内蒙古自治区，南至广西，东到沿海，西到甘肃东部。这些年几项重大的考古发现，使人们对这一时期青铜器的广泛性有了更深刻的印象。

发现之一是1986年陕西西安老牛坡的发掘②。这处遗址的墓葬及车马坑内，出土了不少青铜器，大部分形制、纹饰均与中原所出类似。同时也有一些具有地方特色，如有3个人面纹的圆刃钺，各种动物形铜饰。其间人面形饰与牛首形饰，和陕西城固、洋县一带发现的相同。距老牛坡不远的长安大原村，1965年出土一件尊，于1986年发表③。尊有铭文8行近40字，在商代后期金文中是较长的。这些地点可能与文献所记的崇国有关。

同样是在1986年，在四川广汉三星堆发掘了两座长方形的器

---

① 中国社会科学院考古研究所安阳工作队：《安阳郭家庄160号墓》，《考古》1991年第5期。

② 西北大学历史系考古专业：《西安老牛坡商代墓地的发掘》，《文物》1988年第6期。

③ 陈贤芳：《父癸尊与子尊》，《文物》1986年第1期。

物坑，出土的大量青铜器十分珍异①。礼器如尊、罍、瓿等，有明显的商文化色彩，特别与湖南、湖北以及陕西城固的同时期器相像。另外，还有许多极富地方特点的青铜器，如不少件青铜人面、人首，大小不一，装饰也各异。最大的人面宽138厘米，高65厘米，耳翼伸长，目睛突出，以表示有聪明的神力。另外人面，又有在鼻上设云气形，表示嗅觉神力的。

表现人体全形的，高达260厘米的铜人，高冠长衣，上饰龙纹，赤足立于有扁足的双层台座上。其两手作持物状，实际是一件大型的器座。

器物坑内又出有青铜神树，估计至少有两株②。最高的一株，经复原现高384厘米，一侧有首朝下的巨龙，另侧设枝杈花果，立有禽鸟，造型奇特而生动。这株神树，乃是迄今所见最高大的青铜器。

1989年，在江西新干大洋洲发掘出一座商代大墓，随葬品中青铜器有480多件③。墓的时代，相当于殷墟早期。这一时代的特点在青铜器上有鲜明表现。例如高99厘米的大方鼎，类似中原二里岗期上层的器物；腹部有通连管道的细颈方卣等，形制和纹饰则显属殷墟期。方卣及双层底的方鼎等，反映出高度工艺水平。

---

① 四川省广汉市文化局编：《广汉三星堆遗址资料选编（一）》，1988年；四川省文物管理委员会，四川省文物考古研究所，广汉市文化局、文管所：《广汉三星堆遗址二号祭祀坑发掘简报》，《文物》1989年第5期。

② 中国青铜器全集编辑委员会编：《中国青铜器全集》第13卷《巴蜀》，四〇至四四，文物出版社，1994年。

③ 江西省文物考古研究所、江西省新干县博物馆：《江西新干大洋洲商墓发掘简报》，《文物》1991年第10期。

大洋洲的青铜器，既受有强烈的中原文化影响，又表现出明确的本地特色。即使是在形制接近中原的器物上，也每有不同的文化因素，如多加虎、鹿等兽形装饰等。这种地方因素，在兵器、用器上面表现尤多。

值得注意的是，这里出现了成组成套的青铜工具和农具。工具除常见的木工工具外，有的可能是皮工等方面的工具。农具包括铲、耒、耜、犁、镰等，从启土到收获都具备，堪称重大发现。

以上几项发现告诉我们，在商代后期，中原以外也存在相当发达的青铜工艺，其发展轨迹值得专门探求。

新发现的这一时期青铜器，有的铭文有助于解开甲骨文、金文研究中的疑难。例如，1991年河北定州北庄子出土器物，多有"𰯼"字（疑即《说文》的"旻"）铭文[1]，使我们知道了该重要族氏的所在。1973年，山东兖州李宫村出土器物，于1990年发表[2]，铭文有族氏"索"，写法同于甲骨文，把争议不休的征人方路线方向确定了。

西周早期的青铜器，主要是商末传统的延续，特别是周初的器物，直接继承了商代繁缛华丽的风格。商周青铜器之间的差异，每每是在细微的方面。唯一显然不同的是，周人的铭文多而加长，内容也更为重要。到了西周中期，青铜器的种类有较大变化，一些酒器如爵、角、斝、觚、尊、卣、方彝等，逐渐减少甚或消失，钟则

[1] 河北省文物研究所、保定地区文物管理所：《定州北庄子商墓发掘简报》，《文物春秋》增刊《河北省文物研究所参加第三届环渤海国际学术讨论会论文报告集》，1992年。

[2] 郭克煜、孙华铎、梁方建、杨朝明：《索氏器的发现及其重要意义》，《文物》1990年第7期。

在此时出现。纹饰趋于简朴，重新流行带状花纹。西周早期自商代沿袭而来的以神话动物为主的各种花纹，至此渐被分解而图案化。铭文字体也由雄浑遒劲，转为整齐规饬。这样的趋势，在西周晚期仍然继续，同时工艺水准走向退化。西周晚期盛行的新器种，有簠、盨、匜等。

关于西周早期青铜的新材料，首先应提到1981年发掘的陕西宝鸡纸坊头1号墓，可看1988年出版的《宝鸡𢂾国墓地》报告①。墓中器物瑰丽雄奇，是周初青铜美术的珍品。如饕餮纹圆鼎上有平盖，盖上有夔形扁钮，却置成足，极为罕见；𢂾伯簋双耳及方座四隅均饰牛首，有伸出的角，耳的牛首上又有伏虎，也很奇特。这些器物，都能与以往宝鸡斗鸡台、戴家湾的出土品相媲美。

1986年北京房山琉璃河1193号墓出土的克罍、克盉②，则以铭文的历史意义著称。铭中记述周初封燕国的史事，证实了燕的第一代国君便都于北京，这对北京沿革的研究自然是一大贡献。同等重要的，可举出最近河南平顶山发现的柞伯簋，作器者乃周公之子、柞国的第一代国君。

1991年以来，在河北邢台南小汪出土了不少青铜器，1993年邢台轮胎厂所出尤为重要③。这些发现确证西周的邢国即都于现今

① 卢连成、胡智生：《宝鸡𢂾国墓地》上册，第17—38页，文物出版社，1988年。

② 中国社会科学院考古研究所、北京市文物研究所琉璃河考古队：《北京琉璃河1193号大墓发掘简报》，《考古》1990年第1期。

③ 富国、梅先、顺超：《邢台西周邢国考古调查有重大发现》，《中国文物报》1994年11月13日。

的邢台。类似的发现，还见于山东济阳刘台子，该地1979年以来先后发掘清理了几座墓葬，属于姜姓的逢①。所出青铜器，如象鼻足的方鼎，十分特殊罕见。

关于西周中期青铜器，可举出1984年、1985年陕西长安张家坡发掘的几座墓葬所出②。从铭文看，作器者系井叔，乃当时王朝要臣。163号墓出有登仲兽形尊，通身花纹，并加龙、鸟等立体装饰，精美珍异，其铸作年代可能略早。

近几年所见最重要的西周中期金文，应推1986年陕西安康王井沟、老君观间出土的史密簋③。这件簋有铭文9行，共93字，记载了周孝王时东征的事迹。

西周中晚期最重大的发现，是山西曲沃北赵的晋国墓地。该墓地自1992年起清理和发掘，发现了一系列大墓及车马坑，证明属于晋国公室。在青铜器上找到的晋君名号已有六七个，年代自西周中期到西周末④。由于各墓大都出有成组的器物，我们对当时青铜器的演进得以有系统的认识。

北赵青铜器的晋君名号，可与史籍中的世系彼此对照，有不少铭文所记历朔足供推算。特别重要的是晋侯苏即晋献侯的编钟，有刻铭300余字，包含若干历朔，年、月、月相、干支俱全，给解决

① 李学勤：《有逢伯陵与齐国》，《齐文化纵论》，华龄出版社，1993年；山东省文物考古研究所：《山东济阳刘台子西周六号墓清理报告》，《文物》1996年第12期。

② 中国社会科学院考古研究所沣西发掘队：《长安张家坡西周井叔墓发掘简报》，《考古》1986年第1期。

③ 李启良：《陕西安康市出土西周史密簋》，《考古与文物》1989年第3期。

④《晋侯墓地发掘报告一段落》，《中国文物报》1995年1月15日。

月相性质问题提供了钥匙①。还有许多珍品，如铭文特异的楚公逆编钟，造型初见的兔尊，等等，不能枚举。

北赵晋国墓地的青铜器序列，为西周晚期中原一带青铜器树立了标尺。不难看出，过去大家以为是在东周初年产生的一些因素，实际在西周晚期已经有了。这对青铜器分期研究，是有很大意义的贡献。

1994年出现的一对秦公壶②，形制、纹饰均似著名的颂壶和在芝加哥的壶，后者也都成对。从年代推断，秦公壶可能为秦庄公所作，十分珍贵。壶的出土地点系甘肃礼县大堡子山，同出的还有别的青铜器和华美的金箔饰物③。秦国初期的历史文化，由此得到新的研究线索。

和西周早期青铜器继承商末一样，东周初即春秋早期的器物风格也直接沿袭着西周晚期。不过因为此时国家由统一走向分裂，青铜器的地域性渐趋突出。例如秦国的青铜器，便形成了自己的传统。

1990年以来，河南三门峡上村岭发现了许多青铜器。该处系虢国墓地，1956年至1957年曾经发掘，这次又发现了2001、2006、2009等重要墓葬④。所出大量青铜器，估计多属东周初年，其间也

---

① 马承源：《晋侯稣编钟》,《上海博物馆集刊》第7期，上海书画出版社，1996年。

② 李学勤、艾兰：《最新出现的秦公壶》,《中国文物报》1994年10月30日。

③ 戴迪野：《秦族黄金》(Christian Deydier, *L'Or des Qin*)，伦敦，1994年。

④ 河南省文物研究所、三门峡市文物工作队：《三门峡上村岭虢国墓地M2001发掘简报》,《华夏考古》1992年第3期；河南省文物考古研究所、三门峡市文物工作队：《上村岭虢国墓地M2006的清理》,《文物》1995年第1期。

有西周晚期的，应为东迁携来。关于墓葬年代尚有不同意见，如与晋国墓地的器物序列对比，年代不难确定。无论如何，用这些材料来研究两周之际青铜器的演变是适宜的。

春秋中期至战国中期，是中国青铜器发展史上第二个高峰。

自春秋中期起始，列国青铜器间的差异更为显著，但总的说来，出现了美术作风的新潮流。就纹饰而言，蟠螭纹取代了西周中期以来流行的窃曲纹、重环纹、鳞纹等，与之配合，采取了绚索纹、垂叶纹、贝纹之类图案。铭文字体也有改变，开始有富于美术意味的鸟虫书和"科斗书"。在工艺方面，这时镶嵌红铜之类金属的技术流行，随之在春秋晚期，错金、线刻等也兴盛起来。到了战国，在青铜器上施加错金银、鎏金银，以及各种表面处理的技巧都很普遍，使器物的绚丽华美达到空前的程度。

这里还必须谈到失蜡法的铸造技艺。1986年出现的楚王酓審即楚共王的一件盏①，捉手、耳、足玲珑剔透，经鉴定系失蜡法铸件，和河南淅川下寺前此出土的一些器物可相印证，均为春秋中期，是已知最早的这种技艺的产物。淅川楚墓的发现范围正在扩大，1990年至1991年，于和尚岭、徐家岭发掘中又出了不少精美的器物②，年代是春秋晚期到战国早期。

1993年出版的《侯马铸铜遗址》，公布了1960年至1962年山西侯马晋国遗址出土的大量陶范③，充分显示出在春秋战国之际青

① 李学勤：《楚王酓審盏及有关问题》，《中国文物报》1990年5月31日。
② 曹桂岑：《河南淅川和尚岭徐家岭楚墓发掘记》，《文物天地》1992年第6期。
③ 山西省考古研究所：《侯马铸铜遗址》，文物出版社，1993年。

铜工艺的高度水平。1986年发掘的山西太原金胜村251号墓[①]，正好处于这一时期，其青铜器精致繁多，蔚为大观，据考证属于晋卿之赵。在晋国以外，年代相似的有1982年发掘的山东临沂凤凰岭墓[②]和1984年发掘的江苏丹徒北山顶墓[③]，都出有不少美观的青铜器，前者可能属于郯国，后者则属于吴国。由此足见当时青铜器水平的提高在列国间是普遍的。

时到战国中期，青铜器富丽繁华的风气业已发展到极致。随着青铜器在日常生活中使用范围的扩大，素面器物逐步普及起来。在器物上施加彩绘装饰的出现，也促进了这一趋势。

1986年到1987年发掘的湖北荆门包山楚墓所出青铜器[④]，可为上述趋势的实例。包山2号墓的下葬年代在战国中期末尾，器物多系错金银、嵌红铜，还有嵌绿松石的镂孔杯等。较晚的4号、5号墓的器物，如报告所说，则较轻薄，而且无论形制、纹饰都与2号墓的有较大区别，素面占据了优势，同秦汉器比较接近了。

秦兼并六国之后，各地青铜器广泛受秦文化传统的影响，延至汉代，构成了基本统一的风格。秦汉的日用器物，形制一般固定，并以素面为多，但皇室贵族所用，仍然常用鎏金、错金银、镶嵌、线刻之类技艺，有着许多杰出作品。

---

① 山西省考古研究所、太原市文物管理委员会：《太原金胜村251号春秋大墓及车马坑发掘简报》，《文物》1989年第9期。

② 山东省兖石铁路文物考古工作队编：《临沂凤凰岭东周墓》，齐鲁书社，1988年。

③ 江苏省丹徒考古队：《江苏丹徒北山顶春秋墓发掘报告》，《东南文化》1988年第3、4期。

④ 湖北省荆沙铁路考古队编：《包山楚墓》，文物出版社，1991年。

可以表明战国到秦汉间青铜器转变的，是1983年发掘的广东广州象岗大墓。题为《西汉南越王墓》的报告在1991年印行①。该墓葬于西汉早期，但所出青铜器中包括若干战国和秦代的遗物。例如蟠虺纹鉴、四年相邦张仪戟、错金虎节及四山镜、六山镜、三螭镜、菱形纹镜等，时代皆系战国。其他器物也可辨识出不同的文化传统，如鍪和蒜头壶为秦式，细高足鼎为楚式，盆口鼎为越式，另外多见的提筒亦显属越人。研究分析这些青铜器，对了解当时文化融合的过程甚有裨益。

古代少数民族的青铜器，近期也有很多重要发现。一个例子是1991年到1992年云南呈贡天子庙和江川李家山的发掘，又出土了大量战国到西汉的青铜器②，其中颇多佳品。还有在国外发现的中国青铜器，可举出1978年阿富汗席巴尔甘所出西汉铜镜，据1990年发表材料，有铭34字③。再有1994年韩国金海出土的西汉铜鼎，也有铭文④，同类器物以前在国外尚未发现过。

中国古代青铜器的发现层出不穷，以上关于近十年新材料的叙述也只是列举了一部分例证，很不完全。但由此不难看出，青铜器研究作为一种分支学科来发展，是非常必要的。

[原载《烟台师范学院学报》(哲学社会科学版) 1995年第3期]

① 广州市文物管理委员会、中国社会科学院考古研究所、广东省博物馆编辑：《西汉南越王墓》，文物出版社，1991年。

② 昆明市文物管理委员会：《呈贡天子庙滇墓》，《考古学报》1985年第4期。

③ 李学勤：《阿富汗席巴尔甘出土的一面汉镜》，《文博》1992年第5期。

④ 李学勤：《韩国金海出土的西汉铜鼎》，《中国文物报》1994年2月27日。

三十、爱尔兰出土中国印章的传说

　　1982年春，我漫步于伦敦街头，在伦敦大学附近的一家有名书店里，看见一本装帧精美的书，标题为《亚瑟·克拉克的神秘世界》(Simon Welfare, John Fairley, *Arthur C. Clarke's Mysterious World*, Fontana/Collins, 1982)。这本书是在英国约克夏电视台一套系列节目的基础上编写的，作者是西蒙·威勒菲尔和约翰·费尔莱，有克拉克的导言。这类猎奇的书，世界上出现过不少，国内近年也出过一些。《神秘世界》写作态度比较严肃，有大量彩色图版，成为居于前列的畅销书，1980年初版后，1982年出了平装本，风行一时。书里有《中国印章》一节，引起了我的职业兴趣，现特加撮要介绍，以广异闻。

　　所讲的印章，是传于18世纪晚期至19世纪在爱尔兰发现的瓷印。据书中描述，是一种被称作"中国白瓷"的硬瓷制成的。瓷印形制不大，印体约2.8厘米见方，上有动物形钮。看照片，印章大小不一，印面多为方形，也有椭圆或云片形的。据说这种瓷印只在爱尔兰出土过，而不见于不列颠群岛的其他地区。当它们最初被发现的时候，中国和爱尔兰间尚无直接贸易联系。

　　1839年（清道光十九年），一位叫约·霍·史密斯的在皇家爱尔兰科学院宣读论文，首次论及这种印章。若干年以来，爱尔兰城乡好些地点都出有中国印章。其第一次发现，大约是在1780年（乾隆四十五年），一个修剪草地的人在当时王后郡芒特莱兹的一处沼泽里获得印章一枚。约1805年（嘉庆十年），在科克港附近洞穴中发现另一枚；道恩郡有几个人在果园挖老梨树根，也掘获一枚。1816年（嘉庆二十一年），又有一枚印章出于都柏林环路近处一阅兵场。第六枚在提派累立郡一块田地翻耕时出土。米司郡勃青河的河床，道恩郡的吉立德地方，也各发现一枚。

　　史密斯在他向科学院的报告里，推想这些印章来自东方。他主张它们系由古代腓尼基人舶载而来。经过史密斯氏的披露，爱尔兰的收藏家对此表现了强烈的兴趣。但他们对这种印章从何而来，怎样散布到这些不同地点，印钮象征什么动物，印面文字有何意义等，均无一致意见。

　　19世纪40年代，贝尔法斯特的埃德蒙·盖蒂试图解答印章之谜。经他请教，一个博物学家指出，印钮上的一种猿形动物看来是一只中国猿猴。于是盖蒂将当时发现了的26枚印章——钤印，想鉴定印面上是不是汉字。他通过一位到香港任职的朋友，转请两批中国学者加以释读。两年以后，他得到答复说，印上确系汉字，而字体是公元前500年孔子的时代使用的。中国学者们对许多印文有同样意见，例如一枚上是"纯洁的心（意译，下同）"，另一枚是"心虽小而容大"。但有些也有分歧，如南京学者认为一枚上是"一些朋友"，而上海学者则解释作"李树和竹子"。

　　到1853年（咸丰三年），至少已发现了50枚印章。1868年（同治七年），皇家爱尔兰科学院自弗莱则博士处获悉，印章已达61

枚。弗莱则博士认为它们的年代是14世纪或15世纪，或许再晚一些。现在，在都柏林的爱尔兰国立博物馆陈放有一些这种印章，和它们一起另有4枚，据博物馆记录系"1864年（同治三年）购自广州"，就是弗莱则订购来作为比较的。

在《神秘世界》作者请求下，都柏林一所图书馆的东方学家珍·查普曼研究了这些印章。她认为印章年代可早至18世纪初期，是在厦门附近制造的。

书中《中国印章》一节的内容大略如此。从该书所附印章出土地点图可见，发现地南至爱尔兰岛南端港口科克，北到贝尔法斯特以北的格兰纳姆，多分布在岛的东侧。照片上有三枚印章露出印面，右面一枚似为"夜月"二字，中间一枚为"芳草疏天"，左面的则看不清楚。字体属于篆书，是文人常用的所谓闲章。如果上述传闻可信，它们怎样传至爱尔兰，又分散到很多地点，确是有兴味的问题。

（原载《文物天地》1987年第2期）

三十一、比较考古学续笔（四篇）

前些年我有一本小书在香港中华书局出版，题为《比较考古学随笔》。此书随后由广西师范大学出版社印了简体字版，又增收了几篇论文。其所以写这本书，如我在"引言"开头说的："目的并不是要杜撰一项学科，借以标新立异。我的想法只是要强调一下比较研究在考古学中的重要性，希望有更多的人重视这种研究方法，致力于有关的探讨。"书中将中国考古学范围内的比较研究分为五个层次，即：中原地区各文化的比较研究，中原文化与边远地区文化的比较研究，中国文化与邻近地区文化的比较研究，环太平洋诸文化的比较研究，各古代文明的比较研究。比较研究自然会涉及文化的传播交流，但没有交流的情形也可以比较。

尽管近期我不能以这方面研究为工作重点，但每见有关材料仍难忘情，写下一些札记。现拈取其间几篇，铺陈成文，向读者请教，也作为我那本小书的继续。

鄂尔多斯出土多圈直纹镜

内蒙古呼和浩特杨鲁安先生蜚声艺林，我曾多次请益，获得许多帮助。最近他将多年珍藏文物献于国家，建立了杨鲁安藏珍馆，令人钦敬。这批宝贵文物，已有《杨鲁安藏珍馆藏品菁华》（以下简称《菁华》）一书行世[1]。

这里要谈的是《菁华》74铜镜。这面镜直径8.7厘米，色暗黄。弓形钮，钮上有一道凹弦纹。镜背饰凸弦纹五道，在座外形成五条同心圈，而于第二、四圈填以细密的直纹。不起缘，外边欠规整，有一缺处。

《菁华》记此镜为鄂尔多斯出土，定其年代为商。

和这面镜最相似的一面镜，现藏于瑞典斯德哥尔摩远东古物博物馆[2]。该镜系1930年一瑞典传教士在河北张北获得，这个地方靠近内蒙古，但距鄂尔多斯尚远。镜的形制与杨氏的十分接近，钮上光平。镜背饰四条凸弦纹，包括外缘，在座外形成三道同心圈，均填直纹，而最内一圈的直纹又分两列，所以从直纹看就是四圈。镜的外边也不很规整，不是完美的正圆形（图44）。

---

① 杭桂林主编：《杨鲁安藏珍馆藏品菁华》，文物出版社，2002年。

② Diane M. O'Donoghue, "Reflection and Reception: The Origins of the Mirror in Bronze Age China", fig.8&9, *Bulletin of the Museum of Far Eastern Antiquities*, No.62, 1990.

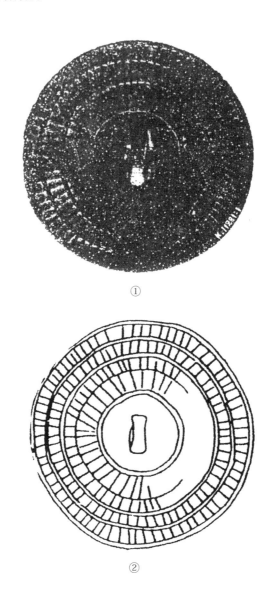

①

②

① 照 片　② 摹 本

图 44

得于张北的镜，更近于1976年殷墟妇好墓出土的45镜[1]，后者背饰凸弦纹六道，也包括外缘，座外形成六条直纹同心圈。同出的41镜[2]，背上凸弦纹五道，不包括外缘，形成四条直纹圈。就外缘言，同于杨氏的镜。妇好墓45镜直径11.8厘米，41镜直径7.1厘米。最近在藏家处看到一面更小的这种多圈直纹镜，铜色同于杨氏此面。

已有学者指出，殷墟妇好墓的铜镜"是从中国的北方系青铜器分布区传来的"[3]。现在知道类似的两面镜来自张北和鄂尔多斯，这不仅证实了上述观点，而且大致指示了其来源的范围。

周至征集铜人头像

在《三星堆与大洋洲（上）》一节中，我曾讨论过1986年广汉三星堆器物坑的发现，说明："三星堆器物坑中的文物，多数是充满地方特色的，同时其青铜器、玉器又明显地反映出中原商文化的影响。"2001年成都金沙村遗址的发现[4]，情况也是如此。

三星堆器物坑内，最具有强烈特色的，莫过于各种类型的青铜人像。1号坑有人头像、跪坐人像共14件，2号坑有立人

[1] 中国社会科学院考古研究所：《殷墟妇好墓》，图六五：2、彩版一二：2，文物出版社，1980年。

[2] 中国社会科学院考古研究所：《殷墟妇好墓》，图版六八：5，文物出版社，1980年。

[3] 林沄：《林沄学术文集》，第270页，中国大百科全书出版社，1998年。

[4] 成都市文物考古研究所、北京大学考古文博院：《金沙淘珍》，文物出版社，2002年。

像、跪坐人像、人头像等共52件，其造型均为其他文化所无，不少学者认为这种铜人像系三星堆所独有。后来，在金沙村发现有铜立人像[1]，但形体不大，下部有插榫，似乎是一种器物的构件。

2001年6月，在陕西历史博物馆举办了"陕西省新发现文物精品展"。由陕西省文物局主办的这次展览，内容非常丰富，已辑成《三秦瑰宝：陕西新发现文物精华》图录印行。人们在展品中惊奇地看到，有一件青铜人头像[2]，与三星堆所出类似，却绝非三星堆的遗物。

承周天游馆长等位惠助，我仔细观察过这件人头像。像高34厘米，顶及颅后残损，通体覆黄绿色锈，色泽与三星堆青铜器显然不同。据称是周至县文管所于1996年征集，具体出土地点不能确知。

这件人头像有头和颈部，内空，颈壁前短后长，与《三星堆祭祀坑》报告中1号坑C型铜人头像，2号坑B型、C型铜人头像[3]，均相接近，尤其像2号坑的Ba型。例如2号坑的147人头像，高33.4厘米，大小也与周至这件几乎相同。不过，看其细部，周至人头像就有好多特点。

尽管同样是粗眉大眼，周至像的眉毛内端是方形的，三星堆像则是尖形。周至像的眼睛比三星堆像的更偏外些，上眼皮更向上扬

---

① 成都市文物考古研究所、北京大学考古文博院：《金沙淘珍》，7，文物出版社，2002年。

② 陕西历史博物馆：《三秦瑰宝》，第36页，陕西人民出版社，2001年。

③ 四川省文物考古研究所编：《三星堆祭祀坑》，图一七、八九至九六，文物出版社，1999年。

起，内眼眦到鼻根有一条线，合构成三角形，但没有像三星堆像常见的眼下方"眼袋"状的突起，眼珠也没有中间横贯的棱线。周至像的鼻尖较窄，不如三星堆像扁阔，嘴角也不像三星堆像那么微钩。耳朵也不一样，其外缘近乎垂直，而三星堆像的耳上部向外伸展。耳垂上的小孔没有穿通。下颌的底缘比三星堆像更显外侈。颈部下端，三星堆像为三角形，前短后长，周至像却是前平，后面呈锯齿边的三角形，非常特殊。

在周至像的面部正中间，有由上至下一条明显的范线，没有修磨掉，这在三星堆像上也是看不到的。

因此，周至征集的这件人头像与三星堆器物坑不会有什么关系，乃系其他蜀文化遗址的产品，是一个相当重要的线索。

这里应附带提到，在广汉东北，涪江以东的盐亭，出现了一件铜跪人像[①]，据称为1994年该县金鸡镇附近山上出土。人像面部与三星堆人像相似，颅后开口中空。身着有雷纹的短衣，双手背缚而跪，姿态与衣饰都不同于三星堆的铜跪坐人像，而和1983年成都方池街、1984年广汉三星堆遗址西泉坎所出石跪人像有共同之处。近来，在成都金沙村又出土了若干石跪人像[②]，使我们觉得对盐亭这件铜像有检视鉴定的必要，希望不久能够进行。

乌鲁木齐南山出土铜镬

1976年，在乌鲁木齐市南山出土了一件大型的铜镬，高71厘

---

① 李祥林：《螺祖故里的"天外来客"》，《寻根》2001年第2期。

② 成都市文物考古研究所、北京大学考古文博院：《金沙淘珍》，51—54，文物出版社，2002年。

米。口沿上有方形立耳，加扁平的蕈形突起。深腹，直壁圜底，腹外有带状弦纹装饰，间以锯齿纹及矢形纹。底下有小喇叭形圈足。2003年春，这件珍贵文物在中国历史博物馆和新疆维吾尔自治区文物局联合主办的"天山·古道·东西风——新疆丝绸之路文物特展"中展出①。

镤是欧亚大陆北方草原地区的一种典型器物。迄今有关镤的研究论著，引用材料最广博的，是美国厄尔迪（Miklós Érdy）的《欧亚发现的匈人与匈奴式镤》②，而厄尔迪开始这篇论文的工作，就是由乌鲁木齐这件镤启发的。

厄尔迪写道："在外国人被允许访问后不久，我于1983年访问了新疆维吾尔自治区的首府乌鲁木齐及其丰富的博物馆。当时，成为我研究工作起点的这件镤尚未展出。但在1989年，我再到该馆时，我注意到这件美观的镤，它与中欧所出的一些镤形制相同，都有带蕈形装饰的方耳。"③他认为，镤可用为祭祀礼器，所以在亚洲腹地历史上北匈奴的活动地区发现与中欧所出有同样形制的镤，表明同一礼俗随民族迁徙传到了西方。此后，他在欧亚大陆（包括中国）做了广泛的调查，证实了这一观点。

为了说明乌鲁木齐镤的意义，需要弄清同类型器在欧亚大陆上的分布。我曾说过，从考古学类型学的标准看，厄尔迪文所作分式有不

---

① 中国历史博物馆、新疆维吾尔自治区文物局：《天山·古道·东西风》，第32—33页，中国社会科学出版社，2002年。

② Miklós Érdy, "Hun and Xiong-nu Type Cauldron Finds throughout Eurasia", *Eurasian Studies Yearbook*, No.67, 1995.

③ Miklós Érdy, "Hun and Xiong-nu Type Cauldron Finds throughout Eurasia", *Eurasian Studies Yearbook*, No.67, 1995.

少可讨论处①。现将该文有关材料重新排比，只取与乌鲁木齐鍑同样有带蕈形饰的方耳，直壁深腹，喇叭形圈足等特征的例子（图45）。

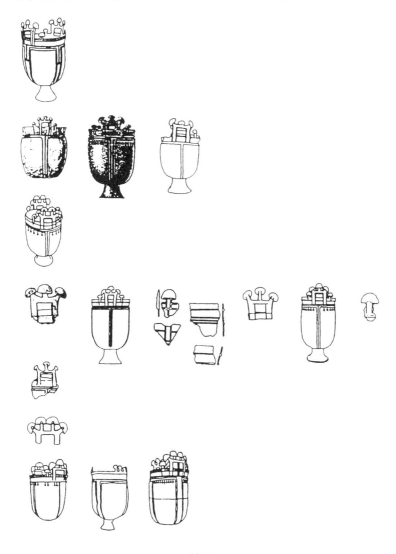

图45

① 李学勤：《论甘肃礼县铜鍑》，《远望集》上，陕西人民美术出版社，1998年。

以下略做解说：

第一行即乌鲁木齐南山的镇。

第二行三件镇，出自俄罗斯。从左数，第一件圈足缺失，出于南乌拉尔奥伦堡Kizil-Adir一处洞穴墓。第二件全器完好，出于高加索哈巴兹近玛尔卡河源处。第三件全器，出于罗斯托夫的伊凡诺夫斯克村。

第三行一件，出自摩尔多瓦Shestachi的一个窖穴，伴出有红铜容器一件。

第四行两件全器及若干残片，都出自罗马尼亚。第一件器耳出于布加勒斯特以东，多瑙河北岸。第二件全器出于布加勒斯特西北Ionesti，在Arges河泛沙深处发现。第三件出于蒙丹尼亚Celei-Sucidava罗马要塞的灰烬里，共有口沿部残片四块。第四件器耳出于克拉约瓦以西Hotarani湖泥中。第五件全器出于克拉约瓦西南Desa湖中。第六件只是口沿上的蕈形饰，出于克拉约瓦西Oltenia。

第五行的器耳，出自捷克靠近俄斯特拉发Benesov的炭沼或森林中。

第六行的器耳，系在奥地利维也纳收购，出土地点不明。

第七行三件，均出自匈牙利。第一件出于托尔纳的Kapos河谷。第二件全器出于布达佩斯西南维斯普雷姆的Varpalota沼泽。第三件出于佩斯Törtel的墓中。

由上述可知，这种类型铜镇的分布，以乌鲁木齐那件为最东。它们与地点更东、时代也更早的其他类型的镇关系如何，还是需要更多材料论证的问题[①]。本类型镇的年代，欧洲发现的一般认为在

---

① 参看冯恩学：《中国境内的北方系东区青铜釜研究》，《青果集》，知识出版社，1993年。

公元4世纪以后，乌鲁木齐一件的年代目前尚难确定，但恐不会太早。无论如何，这是欧亚文化关系的一项重要例证。

阿富汗席巴尔甘出土汉镜

1978年，阿富汗与苏联学者在阿富汗北部席巴尔甘东北的Tillyc Tepe遗址发掘一批墓葬，其中3号墓出有一面汉镜，我曾撰文考释[①]。当时依据的是美国《国家地理》杂志第177卷第3期刊出的镜的照片，文字有不够清晰处。我在清乾隆时编纂的《宁寿鉴古》书中找到一面同文同形的镜[②]，两相对照，试作了镜铭的释文。

这几年我一直为没有看到席巴尔甘镜更好的照片耿耿于怀。2002年春，我去美国华盛顿出席美国亚洲研究学会年会，获见刘欣如博士，谈及此镜。随后，承她复制了索连尼迪（Victor Sorianidi）《巴克特利亚的黄金宝藏》书内镜的照片[③]，使我深为感谢。这帧照片在几点上胜于我以前用的《国家地理》杂志所印，足以纠正前此释文的错误。

下面重写镜铭释文。方括弧里的字是席巴尔甘镜没有而据《宁寿鉴古》补充的，圆括弧里的字则是所通假的字：

心污（阔）结而捐（怨）愁，明知非而［不］可久，更
［□］所［骧（欢）］不能已，君忘忘而失志今。爰使心央（快）

---

① 李学勤：《走出疑古时代》，第296—299页，辽宁大学出版社，1997年。

② 梁思正：《宁寿鉴古》卷十五，第15—16页，江苏广陵古籍刻印社，1992年。

③ Victor Sarianidi, *The Golden Hoard of Bactria*, 145, Harry N.Abrams Inc., New York; Aurora Art Publishers, Leningrad, 1985.

者，其不可尽行。

特别要说明的，是第一句中的"捐"字。这个字在《宁寿鉴古》镜上很清楚，且已释为"捐"，但因席巴尔甘镜过去印本不清，我误读为"挹（悒）"字，现在看仍以释"捐"为正。最近发表的上海博物馆所藏楚简《诗论》中"怨"字都作从"心""肙"声①，与"怨"所从的声古音相同，均为影母元部，和镜铭足相印证。

第三句"更"字下面，《宁寿鉴古》留一字位置而没有摹出，应系泐损，而席巴尔甘镜减掉该字。究竟缺的是什么，只有等再发现一面，才有可能补足。

席巴尔甘镜由铜镜分式来说，属于连弧纹铭文镜②，年代在西汉晚期。出镜的墓，发掘者估计为公元前1世纪至公元1世纪之间，时间也正好相当，可知这面镜是很快就流传到当地的。

［原载《山西师大学报》（社会科学版）2003年第3期］

---

① 刘信芳：《孔子诗论述学》，第121—123页，安徽大学出版社，2003年。
② 孔祥星、刘一曼：《中国古代铜镜》，第71—73页，文物出版社，1984年。

后 记

这本小书草成以后，将全稿读一遍，深深感到自己有关比较考古学的想法确欠成熟，前后未能一贯。书中有些地方不过搜集一些材料，介绍若干见闻而已。好在各节还都能含有一点新的意见，是我敢于贡献给读者的。至于见解的是非，就要请读者来评判了。

本书插图，系由文物出版社李缙云配制。另外，书中第十八、二十两节，曾在《文史知识》1984年第5期、《文物天地》1987年第3期分别发表，收入本书时都做了较大补改，这是需要说明的。

在此特别要感谢饶选堂先生。饶先生治学博兼中外，久为学界景仰。我在编写本书的过程中，重绎《选堂集林》等著，所得启迪尤多。今夏在美与饶先生相见，陈述这本小书的一些设想，因请题签赐序，承蒙许可，是我极感荣幸的。

也要感谢香港中华书局，把我这本随笔性质的小书列入《百家文库》，实在是提高了书的身价。

李学勤

1990年冬至日于北京紫竹院寓所

《比较考古学随笔》简体字版跋

　　《比较考古学随笔》这本小书，原由中华书局（香港）有限公司于1991年出版，列为《百家文库·史论集》之一。几年来，幸能获得学术界的注意，不少友人赐予指教。中国社会科学院考古研究所陈星灿先生在《传统文化与现代化》1994年第3期上发表了长篇书评，更应表示感谢。

　　由于本书在香港印行，内地流传较少，屡有来函垂询怎样能得到本书，我也无法应命。在陈星灿先生书评刊出之后，询问的朋友更多。广西师范大学出版社慨允出简体字版，以广流行；在有关事宜上，又蒙中华书局傅璇琮先生多方惠助，这都是我要特别致以谢忱的。

　　根据广西师范大学出版社的要求，我从近期所写小文中选取了性质类似的10篇，作为简体字版的第二部分。因为这些小文是分散撰写和发表的，彼此体裁殊有不一，个别内容难免复沓，希望读者鉴谅。有的文中对第一部分所论做了补充，如《乾隆帝与古玉》文，续论了第一部分《印第安人的"饕餮纹"》关于饕餮纹的分析；《商代通向东南亚的道路》和《越南北部出土牙璋》，则引申了《蜀国的璋、罍》的观点，有兴趣的读者不妨参看。

本书为什么要提出比较考古学，比较考古学的内涵是什么，我在第一部分的引言中已有讨论。比较考古学的基本思想，是对不同的考古学文化以及文化因素进行比较研究，换句话说，是把考古学文化放在更宽广的背景里来观察。较广阔的视野，会纠正孤立看待一种文化或其因素时每每出现的弊病，使我们对这种文化或文化因素取得更深入的认识。

考古学上有许多问题，恐怕只有通过比较研究的方法才能揭示，也只能通过比较研究的途径去解决。这里姑妄举一个例子。欧洲考古学的编年，在碳十四测年技术出现后经历了一场"革命"。最近我参观法国国立古物博物馆，该馆所有文物均按编年陈列，其青铜时代部分是这样的：

——公元前 2000 年

青铜时代早期

——公元前 1500 年

青铜时代中期

——公元前 1300 年—公元前 1250 年

青铜时代晚期 I

——公元前 1150 年

青铜时代晚期 II

——公元前 1000 年

青铜时代晚期 III

——公元前 750 年

（据 Guide du Musée, *des antiquités nationales de Saint-Germain-en-Laye*, 1994）

请对照我国通用的历史年表，很容易发现，这里的青铜时代早期大致相当于夏代，中期大致相当于商代前期。盘庚迁殷刚好在公元前1300年左右，武王伐纣则有公元前1122年、前1027年等说。至于平王东迁，时在公元前770年，同上表青铜时代晚期的结束相差甚微。我们的青铜时代似乎也可应用上表的编年。这种现象恐不仅是偶合，可能蕴含着一定的规律性，很值得吟味思考。

我在1990年写的后记中已经说过，比较考古学的设想尚不成熟，于此我只是心向往之，实未能至。好在书题标明是"随笔"，也就这样呈献在读者面前了。如承批评，何幸如之。

1996年6月28日